나는 삶을
재부팅
하기로 했다

나는 삶을 재부팅하기로 했다

초판 1쇄 발행 2022년 7월 20일

지은이 남효승, 정창우, 이승은, 명성환, 최진관, 심덕용
펴낸이 장길수
펴낸곳 지식과감성#
출판등록 제2012-000081호

교정 서은영
디자인 정슬기
편집 정슬기
검수 양수진, 이현
마케팅 고은빛, 정연우

주소 서울시 금천구 벚꽃로298 대륭포스트타워6차 1212호
전화 070-4651-3730~4
팩스 070-4325-7006
이메일 ksbookup@naver.com
홈페이지 www.knsbookup.com

ISBN 979-11-392-0583-1(03810)
값 12,000원

• 이 책의 판권은 지은이에게 있습니다
• 이 책 내용의 전부 또는 일부를 재사용하려면 반드시 지은이의 서면 동의를 받아야 합니다.
• 잘못된 책은 구입하신 곳에서 바꾸어 드립니다.

지식과감성#
홈페이지 바로가기

나는 삶을
재부팅
하기로 했다

남효승 정창우 이승은
명성환 최진관 심덕용

지식과감성#

목차

추천사 • 08

지금 당신, 어떤 질문을 하고 싶나요?
남효승

1. Round0.5. 너 살 수 있겠니? • 18
2. Round0.6. 아무것도 묻지 못했던 날들 • 23
3. Round0.7. 잘 살고 있는 거지? • 28
4. Round1.0. 현재 상황이 어떤가요? • 32
5. Round1.5. 난… 어떻게 살고 싶은 거니? • 38
6. Round2.0. 당신, 무슨 얘기를 하고 싶나요? • 42
7. 당신의 Round. 지금, 당신이 당신에게 묻다 • 48

새로운 도전: 오늘이 가장 젊은 날
정창우

1. 도대체 왜 걸으세요? • 57
2. 처음으로 장거리 33km를 걷다 • 60
3. 걷기의 매력에 빠지다 • 65
4. 나의 걷기를 시작하다 • 70
5. 걸으며 인생을 배운다 • 74
6. 함께 걷기를 하다 • 76
7. 함께 도전하다 : 옥스팜트레일워커 100km 대회? • 82
8. 연습만이 두려움을 극복하게 해 준다 • 86
9. 2018 옥스팜트레일워커 100km (전남 구례) 대회 • 93
10. 인생 후반전 삶의 지혜를 배우다 • 100

**당신의 성장이
나를 성장하게
합니다**

　　　　이승은

1. 사람은 원래 여러 모습을 가지고 있다 · 107
2. 흥미와 적성은 같을 수도, 다를 수도 있다 · 111
3. 사람은 다 다르다 · 116
4. 행동과 욕구와의 거리만큼 힘들다 · 123
5. 제2, 제3의 직업을 찾는 여러 가지 방법 · 128
6. 건강과 마음의 관계 · 132
7. 문제에 대한 해답 찾기 · 135
8. 내가 계속 꿈을 꾸는 이유 · 138

**좌충우돌,
지구촌
여행**

　　　　명성환

1. [1995] 유럽최고봉, 엘브르즈(5,642m) · 149
2. [1996] 중국 종단(백두산, 황산, 계림, 하이난섬) · 156
3. [1997] 유라시아 횡단(몽블랑 등정) · 167
4. [2017] 남미최고봉, 아콩가구아(6,962m) · 177
5. [2018] 북미 최고봉, 데날리(6,194m) · 185

등린이의 **두 번째** **점프** 　　　　최 진 관	1. IMF와 나 · 197 2. 좋은 습관 만들기 · 201 3. 정신적 습관 · 207 4. 전환점 · 210 5. 새로운 도전 · 214 6. 제2의 인생 · 217 7. 계속되는 전환점 · 221 8. 맺음말 · 224
젊은 **꼰대를 위한** **소나타** 　　　　심 덕 용	1. 빈 소년 합창단, 난생 처음 음악회 · 232 2. 대학 생활의 하모니와 필하모니 · 238 3. 젊은 꼰대를 위한 소나타 · 244 4. 음악 이야기에서 만난 사람들 · 251 5. 피아니스트의 슈베르트 · 258 6. 음악으로 시작하는 두 번째 여행 · 266

추천사

도전, 그 설레는 첫걸음을 위하여

중년의 나이에 새로운 길을 걷는 이들이 있습니다. 명.행.성-명로진의 행복한 성공 글쓰기 모임에서 만난 분들입니다. 심덕용, 남효승, 명성환, 이승은, 정창우, 최진관 님… 멋진 분들과 글을 쓰고 산에 올랐던 시간이 떠오릅니다. 서로를 배려하며 술잔을 기울였던 나날이 소중합니다.

삶이 익숙해질 즈음, 이들은 용기 내어 과거의 시간을 재부팅했습니다. 숲으로 난 두 갈래 길에서 남들이 덜 걸어간 길을 선택한 것이지요.

수준 높은 스토리텔링으로 클래식 이야기를 풀어 낸 심덕용 님,
라이프 코칭이라는 분야에 매혹된 경험을 소설처럼 적어 내려간 남효승 님,
6대륙의 명산을 이웃집 드나들듯 한 경험을 소개한 명성환 님,
새로운 인생을 설계하려는 이들을 위해 심리 진단을 자기 성찰의 단

계까지 끌어 올린 이승은 님,

걷기의 그랜드 슬램을 달성한 워킹 마스터 정창우 님,

리더십 강의라는 새로운 분야를 개척하며 삶의 트랜스포머를 갈구하는 최진관 님.

여섯 분의 현재는 아름답게 빛납니다. 앞으로 가는 이들의 길은 비록 장미꽃은 뿌려져 있지 않더라도 흥미진진한 이야기가 가득하리라 예상해 봅니다.

이 책을 읽고 많은 분들이 문을 박차고 나가 인생을 재부팅하길 바랍니다.

명로진
인디라이터 연구소 대표, 연세대학교 공학대학원 겸임교수,
제이엠미래설계센터 '나만의 책쓰기' 강사

지금 당신,
어떤 질문을
하고 싶나요?

[프로필]

남 효 승

마흔아홉 살 나이에 1잡러 '남효승'에서 N잡러 '이다코치'가 되어가고 있는 직장인
24년 차 IT서비스 기획자, 2년 차 전문 코치(커리어, 진로, 소통, 리더십), 가끔은 강사.
음악 전문사이트 기획자로 시작해 24년째 온라인 채널 전략 기획을 하며 살고 있다. 2년 전부터 코치라는 새로운 직업을 더해 기획자로도, 커리어코치, 자기다움코치, 강사로도 살고 있는 중이다.

* LG전자, NEPA, 코오롱스포츠, 강북삼성병원, 삼성화재 등 온라인 브랜딩 및 서비스 기획 & UX컨설팅
* 現) IT에이전시 운영 중
* 계원예술대학교 서비스 기획 강의 (Design Thinking)
* 한국코치협회 인증 코치 (KPC)
* 커리어 코칭 전문가

[들어가는 말]

'안녕하세요. 남효승 코치입니다.'

2020년 가을, 코치가 되겠다고 마음을 먹었다. 코칭 자격증 공부와 실습을 시작함과 동시에 코칭심리전공이 있는 학교를 찾아 대학원 진학까지 하면서 새로운 직업을 향해 가는 과정을 일사천리로 진행했다. 2020년 가을이었다. 큰 변화를 좋아하지 않고, 어지간해서는 위험부담이 있는 선택은 하지 않는 나로서는 이례적인 사건이었다. 하지만 나를 '코치'라고 소개할 때 나 스스로 민망하지 않으려면 코치 전문가 자격증 정도는 따야 그런 소개가 가능할 것만 같았다. 일을 하면서 준비를 해야 했기에 아무리 적게 걸려도 2년은 넘게 걸릴 일이었다. 그때는 나를 코치로 소개하는 상황을 상상하는 것만으로도 기분이 좋았다. 나의 정체성을 새롭게 만들어 가는 것은 그 시작도 과정도 설레임의 연속이었다.

나를 코치로 소개하는 시점을 당기고 싶다는 욕심에 첫 번째 단계 자격증을 딴 지 1년도 되지 않아 두 번째 레벨의 자격증을 따는 데 성공했다. 이제 나는 나에 대해 소개할 때 서비스 기획자이자 코치라고 당당하게 얘기한다. 처음의 계획보다 1년에서 반년쯤 앞당긴 셈이다.

코칭이라는 것에 이렇게까지 몰입하는 이유가 여태껏 해 온 일이 싫어서일까? 아니다. 24년째 하고 있는 서비스 기획자 일도 나름 잘 맞고 나의 세포를 살아 움직이게 하는 일이다. 단지 코칭이라는 것을 시작하리라 마음을 먹었을 때와 달리 스물여섯의 내가 기획자를 하겠다고 선택했던 순간에는 가슴이 뛰지는 않았다는 차이가 있을 뿐이다.

서비스 기획자로 나름대로 일을 잘 해내며 살고 있는 내가 '코치'라는 직업에 왜 이렇게 매료된 것일까? 10년 전쯤 인간의 평균 수명이 100세에 달하는 세상에 살고 있는 이상 평생 한 가지 직업만을 갖고 살 수는 없을 것이라는 생각이 들었다. 그렇다면 나의 두 번째 직업은 조금은 더 의미 있고 행복하다고 느낄 수 있는 일이었으면 좋겠다는 생각을 했다. 젊은 시절보다 돈을 많이 벌지는 않더라도 오랫동안 재미있게 할 수 있는 일이면 충분하다는 생각이었다. 50세 이후의 삶은 생산성보다는 가치를 실현해 가며 사는 삶이고 싶었다.

마흔 초반부터 꽤 오랫동안 이런 두 번째 직업을 찾기 위한 노력을 했다. 회사를 다니면서 퍼실리테이션 교육 과정도 수료하고, 사람들에게 도움을 주는 일일지도 모른다는 생각으로 타로카드를 배우기도 했다. 그러한 노력에도 불구하고 두 번째 직업을 찾는 일은 생각보다 쉽지 않았다. 하고 싶은 것, 할 수 있는 것, 하면 좋을 것이 무엇인지 내 자신에게 아무리 물어도 답은 찾아지지 않았다. 시간이 갈수록 막막함만 더해 가면서 50세 이후의 삶이 덜컥 겁이 나기도 했다. 그러다 보니 정말 하고 싶은 일, 가치를 실현할 수 있는 일을 찾을 수 있을 것이란 기대가 사치일지도 모른다는 생각마저 들었다. 왜 그리 수많은 은퇴자들이 치킨집이나 카페를 하는지도 조금은 알 것 같았다.

'그래, 정말 하고 싶은 일이 있다면 벌써 찾아서 지금 하고 있겠지…'
 하고 싶은 일이 아니라 할 수 있는 일을 찾아야 하는 것은 아닐까 하는 생각이 들기 시작했다. 자조 섞인 마음으로 기운이 빠져 있을 무렵 거짓말처럼 가슴 뛰는 일, 이 일을 하다 죽으면 되겠구나 싶은 일을 만났다. 처음에는 흘려들었던 '코칭'이라는 단어가 알아보면 알아볼수록 내 심장을 뛰게 했다. 이거구나 싶은 마음이 든 후로는 돈을 제대로 벌 수 있을지, 내가 하기에 적합한지 제대로 따져 보지도 않았다. 이 일이면 조금 힘들고 수입이 적어도 살아 있다고 느끼며 할머니가 되어 갈 수 있을 것 같았다.

'코치'라는 직업은 그렇게 첫 눈에 반한 사랑처럼 내 인생에 훅 들어왔다. 어디다 싹을 틔워야 할지 고민도 하기 전에 심장 한가운데에 박혀 버린 기분이었다. 내 인생의 두 번째 여행은 이렇게 시작되었다.

나의 인생 1라운드, 첫 번째 여행은 어느 한 구간 편하고 빠르게 지나간 기억이 없다. 여전히 첫 번째 여행길을 아직 걷고 있는 중이지만 여정의 끝 즈음에 와서 돌아보니 산티아고 순례길을 걷듯 혼자서 쉬지 않고 걸어왔구나 싶다. 누구나 인생길이 쉽지 않듯이 나 또한 어느 한 순간 쉬운 적이 없었다. 살기 위해서는 어떻게 하든 걸어야 한다는 당위성과 절박함으로 낸 힘으로 걸어왔다. 그 길을 오는 동안 나는 쉬어야 할 때, 다른 이들과 함께 하는 법, 누군가에게 기대는 법을 몰랐다. 현명한 여정으로 오지는 못한 탓에 얻은 것보다는 놓쳐 버린 것이 많은 과정이기도 했다. 일에 대한 성과를 내고 사회인으로서의 성장을 얻은 대신 나 스스로를 돌보는 법을 배우지 못했고, 옆에 있는 소중한 이들의 말을 들어줄 수 있는 마음의 공간을 갖지 못했다. 하지만 한 가지 확실한 것은 어느 한 걸음의 순간도 다음 걸음의 초석이 되지 않은 순간이 없었다는 것이다.

나의 첫 번째 여행은 기특하고도 아쉬운 여행이다. 멀쩡히 다니던 회사에서 갑자기 사업부를 없애며 퇴사를 권유받았던 날, 잠자는 시간 외에는 모든 시간이 일하는 시간이었던 날들, 기를 쓰고 일을 잘 해내겠다는 마음에 정말 소중한 것이 무엇인지 몰랐던 긴 시간을 지나 의미 있는 미래를 향해 걸어가는 지금으로 나를 데려다준 것이 기특하다. 동시에 잘 해내지 못할까봐 무섭고, 잘 해내느라 힘들고, 괜찮은 척하느라 외로워 내 몸과 마음, 생활을 잘 돌보지도 못했고, 소중한 이들의 마음도 헤아리지 못했던 것이 뼈저리게 아쉽다.

첫 번째 여행에서 두 번째 여행으로 향하는 길을 가고 있는 나는 코칭 공부를 시작한 지 1년 반 만에 코치 전문 자격증을 땄고, 대학원 3학기째를 다니고 있다. 이제 나는 당당하게 말한다.
'저는 서비스 기획자이자 코치, 남효승입니다.'

누구보다 잘난 것도, 특별한 이력이나 능력도 없는 평범하고 소박한 직장인의 삶을 살아온 내가 얘기해 주고 싶은 것이 생겼다. 인생 후반전에 내가 무엇을 할 수 있는지도 모르겠고 하고 싶은 것이 무엇인지도 모르겠는 평범하고 건강한 수많은 3, 40대 직장인에게 말해 주고 싶다.
인생은 내가 방향 찾기를 포기하지만 않는다면 어느 날 방향을 잡도록 해 주는 등대 불빛을 만나게 된다고. 그 등대 불빛을 만났을 때 가야 할 방향을 찾을 수 있으려면 정답인 길을 찾고 있을 것이 아니라 내가 가고 싶은 방향을 알고 있으면 되는 것이라고 말이다.

'등대 같은 코치'가 되겠다는 다짐으로 기획자, 코치, 강사 등 N잡러가 되어 가고 있는 평범하고 별것 없는 24년차 직장인으로서.

1.
Round0.5.
너 살 수 있겠니?

가만히 누워 천장만 한참 바라봤다. 이대로 시간이 멈춰도 아쉬울 것이 없겠다는 생각도 들었다. 학교를 졸업하고 사회에 나간다는 것이 무슨 의미인지 도통 감이 잡히질 않았다. 대학 입학할 때부터 정해져 있던 졸업을 맞이한 것뿐인데 어느 날 갑자기 길 밖으로 내몰린 것처럼 어디로 가야 할지 모르고 길 한가운데 서 있는 기분만 들었다.

앞으로 살아가야 할 길고 긴 삶에 대해 아무 생각도 없었던 내가 맞이한 대학 졸업은 당황스러움 그 자체였다. 사회생활에 대한 두려움 혹은 호기심도 없었고, 일에 대한 개념도 없었다. 학교를 다니는 4년 동안(휴학을 포함하면 5년 동안) 미래에 대한 고민은 거의 하지 않았다. 솔직히 말하면 그냥 살아지는 대로 살겠다는 심산이었다. 내가 뭐 그리 대단한 일을 할 수 있을 것 같지도 않았고, 딱히 하고 싶은 일을 찾아 직업으로 삼을 수 있을 것 같지도 않았다. 고등학교

2학년 여름에 부모님을 따라 청주에 내려온 그날 이후 미래를 위한 마음은 원래 없었던 사람처럼 살았다. 아마도 나의 노력과 바람 따위는 부모님의 상황에 따라 얼마든지 바뀌고 무시될 수 있다는 좌절감이 컸던 것이 이유였을까? 고2 늦봄에 갑자기 청주로 내려간다는 결정이 내려질 때가 한창 마음잡고 공부를 시작했던 시기였다. 성적이 올라가기도 했고 공부가 재미있어지면서 꽤 괜찮은 대학에 갈 수도 있다는 기대감이 생기기도 했다.

  하지만 나의 그런 노력과 작은 성취감은 어려워진 집안 형편과 나빠진 엄마의 건강 앞에서는 지방으로 이사를 가야 한다는 결정을 바꿀 수 있는 아무런 이유가 되지 못했다. 그렇게 청주로 내려왔고, 학교 생활에 적응하는 것도 쉽지 않아 남은 1년 반의 고등학교 시절을 잠으로 보냈던 기억이 난다.
  그 상태로 대학을 진학한 나는 대학생활도 별반 다르지 않았다. 일류 대학에 입학할 게 아니라면 서울로 보내 주기에는 형편이 여의치 않다는 이유로 청주에 있는 학교에 가라는 부모님의 의사에 따라 청주에서 대학을 다녔다. 최상위 대학은 아니어도 서울에 있는 나쁘지 않은 대학에 갈 수 있는 성적이었음에도 나는 그대로 청주에 주저앉았다. 아마도 청주에 내려가면서 갖게 되었던 좌절감을 스스로 이겨 낼 만큼 성숙한 아이는 아니었나 보다. 무기력감으로 시작한 대학생활은 적당한 수업 참여와 적당한 연애, 적당한 시간 죽이기로 시간을 보냈다. 그러다 맞이한 졸업이었기에 아무런 준비도 없이 사회에 내던져진 셈이었고 현실을 깨닫기 시작하면서 점점 당황스러움은 커졌다. 앞으로 어찌해야 하는지 방향도 잡히지가 않았다.

서울에서 대학을 다니던 고등학교 친구인 J와 통화를 하던 중 그녀가 묻는다.
"너 거기서 뭐 하려고? 거기서 살 수 있겠어?"
그녀의 질문 한마디에 청주를 떠나기로 결심했다. 아무런 꿈을 갖지 않고 살던 이 동네를 떠나면 뭔가 다르게 살 것 같다는 전혀 논리적이지 않은 생각이었다. 확실한 건 그래야 내가 살 수 있을 것 같다는 알 수 없는 확신뿐이었다.

그날 이후 3개월 동안 부모님 모르게 서울로 올라갈 준비를 하고 서울행 3일 전에 통보를 했다. 어이가 없어 붙잡지도 못하는 부모님을 뒤로하고 큰 가방 하나만 짊어지고 서울로 올라왔다. 당시 내 통장에는 딱 70만 원이 들어 있었다. 당시 최저임금 수준이 150만 원이 안 되었을 시절이니 안 먹고 안 쓰면 한 달 반쯤 살 수 있는 돈이었을 것이다. 취직이 된 것도 아니고 집에서 용돈을 탈 수 있는 상황도 아닌 스물넷의 대학을 갓 졸업한 여자가 한 선택치고는 위험하기 짝이 없는 선택이었다. 나름 큰 꿈이 있어 한 선택이었다면 설득력이 좀 더 있었으려나? 당시 내가 가진 미래에 대한 생각이라곤 라디오작가를 해 보면 괜찮을 것 같다는 계획도 없는 막연함뿐이었다. 실현 가능성 측면에서는 초등학생이 '저 과학자 될래요'라고 미래 희망 직업을 얘기하는 수준과 다를 바 없었다. 90년대 후반에 한창 성행하던 방송아카데미를 다니는 것이 라디오 방송작가의 꿈을 실현시키는 유일한 길이었으나 아카데미 수강료가 너무 비싸서 다닐 엄두도 못 냈다. 일단 수강료를 벌어야겠다는 생각에 아르바이트를 찾아 헤맸다.

카페나 식당 아르바이트는 어렵지 않게 구할 수 있을 것이라고 생각했는데 그것도 착각이었다. 내가 있을 곳으로 정한 동네가 압구정동이었던 탓이다. 나에게 청주에서 살 수 있겠냐고 물었던 친구 J의 남자 친구가 대학 졸업 후 부모님이 운영하시는 압구정동 한복판에 있는 고시원 일을 보며 영상 촬영을 배우러 다니고 있었다. J의 제안으로 그 고시원에 작은 방 하나를 얻어 내 인생의 두 번째 서울살이를 시작한 상황이었다. 압구정동은 카페 아르바이트생을 하려면 '용모준수'라는 기준에 걸맞는 외모여야 했다. 몇 군데 면접을 보러 갔지만 아무데서도 연락이 오지 않았다. 식당에서 서빙을 해야겠다고 알아보던 중에 고시원에서 알게 된 토목회사를 다니는 분이 회사에서 문서 타이핑하는 아르바이트를 뽑는데 해 보지 않겠냐고 제안을 했다. 시급도 쎄고 하는 일도 괜찮아 얼른 하겠다고 하고 이틀 후인가부터 출근을 하기 시작했다.

그 아르바이트로 대학 졸업 후 나의 경제활동이 시작되었지만 결국 아르바이트 비용을 모아 방송 아카데미에 다니겠다는 꿈을 이루지는 못했다. 생각보다 돈을 모으는 일은 쉽지 않았고 생활비도 만만치 않게 들어갔다. 그래도 이런저런 소개를 받아 메이저 여성잡지에 프리랜서 기자로 기사를 싣기도 하고, 여성잡지를 만드는 회사에 들어가 기자로 글도 쓰고 잡지 만드는 일을 배우기도 했다. 창간 예비 2호까지 나오고 투자자의 변심으로 창간되지는 못한 잡지였지만 나에게는 꽤 신나는 경험이었다.

어떻게든 글을 쓰는 직업으로 살겠다고 노력을 했지만 '글만 쓰는 사람'이 되지는 못했다. 어느 순간 나는 웹기획자라는 직업을 가지고 매일매일 출퇴근을 하는 사람이 되어 있었다. 나름 괜찮았다. 서비스와 컨텐츠 기획은 기자로서는 아니지만 글로 된 컨텐츠를 만들어야 하는 일이 많았고, 무엇보다 사람들에게 새로운 무언가를 만들어 내놓는다는 것이 신기해 재미있기도 했다.

무엇 하나 제대로 해내지 못해 거의 매일 혼자 울던 나의 사회 초년생 시절은 그렇게 의외의 길로 만들어져 갔다. 나에게 맞는 옷인지 아닌지 고민하거나 판단할 만큼 여유가 없었던 탓에 꾸역꾸역 매일을 살아 내는 기분이었지만 지금 생각하면 잘 버텼다고 쓰다듬어 주고 싶은 시간이기도 했다.

2.
Round0.6.
아무것도 묻지 못했던 날들

    대학을 졸업하고 아무런 준비 없이 학교 밖으로 나온 스물넷의 세상 물정 모르는 나에게 사회생활은 혼란 그 자체였다. 해도 되는 말과 하지 않아야 할 말을 구분하는 기준을 찾는 것도 만만한 일이 아니었다. 나는 학생 시절에는 하고 싶은 말은 다 하고 어떤 의견이든 솔직하고 편하게 이야기를 하던 나름 당찬 학생이었다. 학교와 사회의 차이 따위는 안중에도 없었던 탓에 몇 차례의 황당한 사건을 겪은 후에는 사람들과의 소통에 두려움이 생겨 버렸다.

    서울로 올라와 아르바이트 자리를 찾고 있던 중 친구가 술 한잔 하자며 연락이 왔다. 종로에서 나를 불러낸 친구와 친구의 지인 몇몇과 편한 술자리를 가졌고 여느 때와 다름없이 스물네 살의 젊은 남녀가 나눌 법한 가벼운 이야기들을 하릴없이 나누다 헤어졌다. 정확하게 기억은 안 나지만 아마도 대부분 연애 이야기였을 것이다. 혼자 집으로 향하는 나를 일행 중 한 명이 같이 가자며 따라왔다. 친구의 지인이었기에 특별히 조심하는 마음 없이 그러자 했고 우리는 막차에 가까운 전철을 타고 한참을 함께 있었다. 당시 내가 있었던 동네가 압구정동이었으니 이동 시간이 짧지만은 않았다. 서로 혹은 둘 중 하나가 상대에 대해 호감을 느꼈던 것도 아니었기에 재미있지도 않았지만 불편하지도 않은 시간이었을 것이다. 함께 전철을 타고 오면서 내가 묵고 있는 곳을 알게 할 것인지 말 것인지 갈등했던 기억은 명확하게 난다.

당시 나는 고모 댁에 들어가지 않겠다는 일념으로 친구가 소개해 준 압구정동에 있는 고시원에서 살고 있었다. 바로 앞에 연예인들이 드나드는 유명하고 큰 미용실이 있었던 그 고시원은 스물넷의 나에게는 신기하고 특이한 곳이었다. 고시원에 머무는 사람들의 이야기들이 궁금했고 우연찮게 알게 된 누군가의 이야기는 그곳의 생활이 괜찮다고 느껴지게 만드는 원동력이기도 했다. 어찌 되었든 나름대로 재미있고 나쁘지 않은 상황이었지만 나를 잘 모르는 이에게 내가 사는 곳을 노출시키기에는 뭔가 꺼림직함이 느껴진 것도 사실이었다. 혹여나 나를 불쌍하게 볼까 봐 그게 싫었던 것일까? 아니면 대학시절에 자취를 하면서 몇 번 경험했던 안 좋은 기억 때문이었는지도 모르겠다. 여자가 혼자 사는 집을 알려 준다는 건 원치 않는 상황에 폭력적이라고 느껴지는 방문을 경험한 탓이다. 그날은 결국 시간이 많이 늦었던 탓에 사람이 없는 길을 혼자 가는 것도 무서워 고시원 건물 앞까지 함께 가는 것을 택했다.

고맙다는 말과 함께 잘 가라는 인사를 하는 내 팔목을 그가 잡았다. 미처 뿌리치지 못하고 당황한 얼굴로 쳐다보는 나에게 쭈뼛거리며 그가 물었다.

"안 들어가면 안 돼?"
"응? 왜? 어딜? 아니, 무슨 이유로? 하하.'

상상도 못한 전개에 나는 당황했고 어이가 없어 실소가 나왔다. 그냥 웃고 넘기려는 나에게 그가 의아한 표정으로 다시 묻는다.

"괜찮은 거 아니었어?"

뭐가 괜찮다는 것인가 알 수가 없어 물으니 아까 술자리에서 나왔던 얘기 중에 사랑하지 않아도 하룻밤을 함께 보내는 것은 가능한가에 대한 대화가 화근이었다는 것을 알았다. '내 소신에 따라 본인과 상대가 책임질 수 있는 선택이라면 그게 무슨 상관이냐, 상대에게 거짓말만 하지 않으면 된다고 생각한다'는 당시로서는 진보적 혹은 개방적이라고 볼 수 있었던 나의 의견을 아무렇지도 않게 피력한 것이 문제였다.

이 남자에게는 나의 이야기가 '나는 사랑하지 않아도 하룻밤을 함께 보낼 수 있어.'라고 해석이 되어 입력되었던 것이다. 태어나 처음 경험해 보는 소통의 오류였고 어이없는 상황이었다. 아니 그 얘기가 어떻게 저렇게 입력이 될 수 있으며 나에게 묻지도 않고 내 생각과 선택에 대해서 단정 지을 수가 있는지 도통 이해가 가지 않았다. 얽힌 인간관계가 있던 탓에 더 이상의 일은 벌어지지 않았다. 나를 비롯해 누군가의 이야기를 그 자체로 제대로 이해하는 능력과 본질에 대한 이해력을 높이라는 말을 던지고 건물 안으로 들어갔던 것 같다.

아무렇지도 않게 헤어졌지만 당시 나는 당황함을 넘어서 두려움을 느꼈다. 대학에서 만나 편하게 이야기를 나누던 사람들과 똑같지 않다는 것을 알게 된 것이다. 그 이후로 나는 사람들에게 무언가를 이야기하는 것이 무서워졌다. 사회생활을 하며 솔직해도 되는 수위와 기준을 잡는 데 3년쯤, 어쩌면 그 이상이 걸렸던 것 같다.

이런 경험들은 내가 이십 대 후반과 삼십 대에 많은 말을 하지 않고, 나에 대한 이야기를 하지도 않는 직장인으로 살게 만들었다. 내 이야기를 하지 않으니 다른 동료들에 대해서도 딱히 묻지도 않았고 궁금해하지도 않았다. 짧지 않은 시간 동안 나의 소통의 기준은 일이 아니면 어떤 곡해의 여지도 없는 수준의 솔직함만을 유지하는 것이었다. 쓸데없이 신경 쓸 일들을 만들지 않아 편하다고 생각하기도 했던 것 같다. 아마 마흔이 되기 전까지의 기억에 많은 사람들이 있지 않은 이유는 이런 방식의 관계 때문이었을 것이다. 일에 치이고 일을 해내는 것만으로도 에너지가 모자른 일상을 살았던 탓도 있겠지만 다치지 않겠다는 마음에 보호막을 치고 지냈던 이유가 더 클 것이다.

관계와 소통에 대한 두려움이 생기게 한 스물넷의 몇 번의 경험이 일로 만난 사람들에게 관심을 갖고, 가끔은 마음을 나누고 그 마음에서 나오는 궁금함을 묻는 일은 없는 삶을 살게 만들었다. 마흔이 훌쩍 넘어서야 깨달았다. 그 시간 동안 내가 얼마나 많은 사람들을 그냥 스쳐 지나 보냈고, 위안을 주고 위안이 되는 관계를 만들지 못했던 것인지 말이다. 지금도 잦지는 않지만 특정 상황에서는 별다르지 않은 관계 방식을 보이기도 한다. 코칭을 배우고 공부하며, 코치로서의 삶을 살아가기 위해 노력하면서 그런 순간들이 점점 적어지고 있기는 하다. 내가 주변 사람들에게 아무것도 묻지 못했던 시간이 짧지 않았다는 것이 가끔은 슬프고 아쉽다. 좋은 사람들이 참 많았는데 다 놓쳐 버렸구나 싶은 마음 때문이다. 이제라도 깨달았으니 다행이기는 하지만 이제는 나도 내가 만나게 되는 사람들도 이십 대나 삼십 대 시절의 관계 맺음처럼 많은 에너지를 쓰지 않기에 좀 더 일찍 깨달았으면 좋았겠다는 아쉬움은 여전하다.

3.
Round0.7.
잘 살고 있는 거지?

'거기에서 살 수 있겠어?'라는 친구의 질문 하나로 시작된 사회인으로서의 어설프고 갈팡질팡하던 삶은 조금씩 자리를 잡아 갔다. 더 재미있고 내가 잘할 수 있는 일을 찾아보겠다고 어설픈 시도도 몇 번 했지만 결국에는 서비스 기획자로 잔뼈가 굵었고 서른 초반에는 당시 국내 서너 번째 순위에 있던 인터넷 서비스 회사의 기획팀장으로 들어가 기획자로서의 삶을 이어 갔다. 스스로 이 정도의 시간을 같은 직업으로 살고 있는 거면 나한테 맞는 일이라고 받아들였던 나이가 서른셋이었던 것 같다.

그때까지도 사실 서비스 기획자가 내 일이라는 생각을 하지 못하고 있었다.
'심리학 공부를 해서 상담사가 돼 볼까?', '영화판에 가서 할 수 있는 일이 있지 않을까? 스크립트라도 해볼까?', '공연 쪽에 가서 공연 기획자를 해 봐도 잘할 수 있을 것 같은데…'

일의 성과가 안 좋거나 위로부터 압박이 심하거나 욕을 먹을 때면 여지없이 이런 생각들이 들곤 했다. 이 일이 나에게 딱 맞는 게 아니라서 그런 거라고 생각했다. 일을 하면서도 행복하고 즐겁고 원래 잘하는 사람으로 그 일을 해내는 그런 직업이 있을 거란 생각을 버리지 못했다.

진짜 일이 맞지 않아서라기보다는 일에서 오는 스트레스가 큰 탓이었는지도 모른다. 당시 다녔던 회사의 브사장이 기획팀장으로 들어간 나를 유난히 힘들게 했다. 물론 나만 힘들게 하는 사람은 아니었지만 기획팀장이라는 자리는 무슨 일이 벌어져도 욕먹는 멤버에 기본으로 세팅되어 있는 멤버일 수밖에 없었다. 사이트 운영의 책임은 기획팀장 책임이 가장 크다는 것은 부정할 수 없는 사실이었다. '니가 아무리 그래 봐라. 내가 어떻게든 버티고 너한테 잘한다는 얘기를 듣고 만다!' 이런 마음이 들 정도였으니까 말이다.

결국에는 내가 생각했던 것처럼 그만두겠다는 나를 놔주지 않는 상황이 되기는 했다. 하지만 지나고 보니 잃은 게 더 많은 시간이라는 생각이 든다. 그 결과를 얻는 동안 건강을 망쳤고 적지 않은 수의 사람을 잃었다. 일이 제대로 되어야 한다는 기준 외에는 어떤 기준도 갖지 않고 사는 시간이 길어질수록 많은 것이 망가져 가고 있다는 걸 당시에는 모르고 있었다. 일이니까, 일은 누군가 제대로 진행되도록 해야 하는 것이니까, 지금은 그 역할을 내가 해야 하니까 일을 위해서는 많은 것들이 무시되어도 어쩔 수 없다고 생각했다. 그게 나의 책임감이고 주어진 의무인 줄 알았다.

그 회사를 그만둔 서른일곱 살의 겨울은 일과 회사에 대한 많은 것들이 흔들리고 혼란스러워 힘겹게 난 겨울이었다. 일에서 인정을 받겠다는 생각으로만 근 7년을 기를 쓰고 일을 하고 난 후였는데 나에게 남은 것은 하나도 없는 듯했다. 돈이 남은 것도, 사람이 남은 것도, 남들이 알아주는 회사 이력이 남은 것도 아니었다. 일을 왜 해야 하며 어떻게 해야 하는지 제대로 배운 적도 고민한 적도 없다는 생각이 들었다. 돌이켜 보니 서른 이후로 7년이라는 시간 동안 내가 제일 많이 들은 질문은 바로 이 질문이었다.

"효승아, 너 잘 살고 있는 거지?"

주말도, 연휴도, 휴가도 제대로 쉬는 날 없이 회사 일에만 매달리다 보니 친구들을 일 년에 한두 번 보는 것도 힘들었다. 약속을 하고도 툭하면 취소하기 일쑤였고, 여행을 가자고 일정을 잡아 두고도 가는 날을 바로 앞에 두고 어그러뜨리는 상황이 반복되었다. 그런 나의 작태를 크게 화 한 번 안 내고 넘겨준 친구들이 얼마나 고마운 건지도 한참이 지나서야 알았으니 당시의 나는 건강한 정신이었다고는 말하기 힘들지 않을까?

이런 나에게 친구들은 항상 잘 살고 있는 거냐고 물었고, 네가 제일 걱정이라고 했다. 아마도 균형을 잡지 못하고 사는 내 생활이 걱정되어 매번 그리 물었을 거다. 물론 나는 그 질문의 의미 또한 제대로 생각하지 못하고 그저 안부 질문처럼 흘러가는 질문으로 가벼이 넘겼다. 그 질문 안에 담긴 마음과 배려와 애정을 볼 여유가 없었다.

부모님도 크게 다르지 않았다. 당신들의 삶을 살아 내기에도 바쁜 분들이었던 탓에 많은 것을 공유하지는 못하는 부모 자식 관계였지만 연락할 때마다 걱정스럽게 묻는 질문은 항상 같았다.

"잘 살고 있는 거지?"

부모님의 저 질문 안에는 잘 살아야 한다는 믿음과도 같은 바람과 너에게 해 줄 수 있는 게 없어 더 이상 묻지 못하지만 항상 미안하고 걱정된다는 마음이 담겨 있었을 것이다. 나는 매번 무심하게 대답했다.

"뭘 잘 살아. 그냥 일하고 사는 거지…"

나를 아끼는 사람들의 잘 사냐는 질문은 나의 힘든 삼십 대를 보내고 하나둘 삶의 균형을 찾아가는 과정을 잘 갈 수 있도록 해 준 힘의 근원 중 하나일 것이다. 내가 혼자라고 느끼지 않게 해 주는 누군가의 짧은 질문 하나가 큰 힘을 발휘할 때가 있다. 마음대로 되는 것도 없고 지칠 대로 지친 어느 날, 떨어져 사는 엄마의 전화기 너머에서 들려온 '밥 먹었어?'라는 말 한마디가 나를 위로하는 백 마디 말을 더한 것보다 더 큰 위로가 되는 것처럼 말이다.

이렇듯 마음을 담아 건네는 질문에는 삶을 살아가는 데 큰 도움이 되는 힘이 담겨 있다. 나 자신에게 혹은 누군가에게 건네는 짧고 따뜻한 질문은 길고 장황한 설교보다 마음에 닿아 오래도록 에너지원이 되어 줄 수도 있다.

4.
Round1.0.
현재 상황이 어떤가요?

약속된 미팅 시간보다 10분 정도 일찍 온 탓에 나와 석훈 대리는 회의실에서 담당자가 오기를 기다렸다. 보통은 외부 업체가 오면 물이라도 한 잔 주는데 이 회사는 어린 직원이 회의실 안내만 해 주고는 끝이다. 회의실에는 네이버에 '중역 회의'라고 검색하면 쇼핑 카테고리에 가장 먼저 나올 법한 크고 두꺼운 중후한 느낌의 진갈색 테이블과 앞으로 당기기도 쉽지 않은 무거운 가죽의자가 놓여 있었다. 고압적인 분위기의 회의실 탓인지 이번 미팅이 수월하게 진행되지 않을 것만 같다는 생각이 들었다. 무엇보다 외부 손님에게 친절함과 매너가 없는 업체와의 미팅이 잘 진행될 가능성은 그리 높지 않다는 내 생각 탓이기도 했다. 그런 조직은 대행사에게 야박하게 구는 회사일 확률이 높다. 원하는 것을 정확하게 얘기하지 않거나 정확하게 얘기한다 해도 예산에 비해 턱없이 많은 것을 원하는 회사일 때가 많다.

원하는 것을 정확하게 얘기하지 않는 고객사는 프로젝트 초반에는 '알아서 잘 해 주세요.'로 시작해서 프로젝트 말미에는 '믿고 시작했는데 이러시면 어쩝니까?'로 끝나곤 한다. 원하는 것을 정확하게 얘기하지만 적은 예산으로 과한 요구를 자꾸 하는 고객사는 '처음부터 저희가 요구한 내용에 있었는데요. 몰라요. 어쨌든 해 주세요.'라며 힘들다는 우리의 얘기는 아예 듣지 않는 경우가 허다하다. 둘 다 프로젝트를 최악의 상황으로 만들기 십상이다.

사무실 직원만 해도 30명쯤 되어 보이는 커피 원두와 커피 머신 쇼핑몰 업체가 미팅하러 온 손님에게 커피 한 잔 주지 않는 것이 영 마음에 들지 않았다. 명색이 커피 파는 회사인데 말이다. 거기다 약속 시간보다 10분 정도 늦게 들어온 담당자의 태도도 마음에 들지 않았다. 서른 중반쯤 되어 보이는 그는 미안한 기색이 전혀 없었다. 어찌 되었든 미팅은 시작되었다. 내가 함께 살 남자와의 소개팅이 아니니 앞선 나의 느낌, 직감, 기분은 고이 접어 넣어 둬야 한다. 지금부터는 저 담당자가 원하는 것이 무엇인지 읽어 내는 것이 내 미션이다.

"보내 주신 자료는 잘 봤습니다. 원하시는 개선 방향에 대한 것은 파악이 되었습니다. 그러면 좀 더 정확한 이해를 위해 개선 방향을 그렇게 잡으신 이유와 상세한 기능에 대한 내부 니즈는 어느 정도 정리가 되셨는지 듣고 싶습니다."

"메일로 드린 자료가 다인데, 뭐가 더 필요한가요?"
"아… 그러면, 오늘 회의에서는 어떤 얘기를 나누실 생각이셨나요?"

이쯤이면 이 담당자가 원하는 미팅은 둘 중 하나다. 우리를 불러서 견적과 예상 기간에 대한 정보만 듣기를 원하는 미팅이었거나, 본인도 어떻게 해야 할지 잘 모르겠는 이 프로젝트에 대해 시시콜콜 가이드에 가까운 이야기를 듣고 싶었거나. 둘 중 무엇이든 담당자가 처한 상황은 비슷하다. 본인이 판단을 제대로 내릴 수 있는 정보도 능력도 지니고 있지 않아 대행사에서 알아서 해 주기를 바라는 상황일 것이다.

이제 회의를 어떤 방향으로 끌고 갈지는 나의 몫이다. 전자든 후자든 원하는 것을 해 주려면 정보를 더 끄집어내야 한다. 본격적으로 시작하기 전에 얼마나 적극적으로 이야기를 꺼내도록 할 것인지 결정을 해야 한다. 이 미팅은 많은 정보를 끄집어내는 데 에너지를 쓰지 않기로 결정했다. 담당자의 표정과 말투에서 이미 무언가를 더 얘기하는 게 귀찮다는 표정이 역력했다. 견적과 일정은 좀 더 상세한 요건을 전달해 주시면 내부 회의를 거쳐 전달해 드리겠다는 결론으로 짧게 회의를 마쳤다. 우리 회사에 대해서 크게 어필도 하지 않고 미팅을 끝내자 함께 간 석훈 대리는 의아한 표정이었다. 나는 석훈 대리에게 자신의 상황을 얘기하지 않는 담당자는 위험하다는 말만 해 주고 사무실로 돌아왔다.

'현재 상황이 어떤가요? 좀 더 자세히 설명을 해 주시겠어요?'

내가 이 미팅에서 고객사 담당자에게 물었던 여러 문장의 질문을 압축하면 이 질문이 된다. 내가 23년간 서비스 기획자로, 그중 17년을 대행사 기획자로 일을 하면서 고객사 담당자와의 첫 미팅에서 하는 첫 번째 질문은 언제나 이 질문이었다. 다른 문장, 다른 톤으로 묻더라도 본질은 같은 질문이다.

고객사의 상황을 파악해야 그들의 요구사항이 어떤 이유로 나왔고 왜 그런 방향성을 지니게 된 것인지 파악이 가능하다. 상황 파악을 정확히 해야 수많은 요구사항 중에서도 가장 핵심이 무엇인지 알 수 있다. 처음부터 잘 알려주는 고객도 있지만 그렇지 않은 고객사도 많다. 프로젝트 초기에 전략을 세우는 일을 하는 나는 그들의 상황을, 니즈를 집요하게 알아내야만 한다. 그래야 프로젝트가 엉뚱한 방향으로 진행되지 않는다. 이런 이유 때문에 기획자로 살면서 내가 가장 많이 했던 질문은 고객사 담당자에게 묻는 질문이었다. 그 질문을 얼마나 잘 던지는가에 따라 얻어지는 정보가 다르고, 제대로 된 전략이 세워질 것인지가 결정된다. 기획 경력이 쌓이고 경험이 늘수록 나는 필요한 질문을 잘하는 사람이 되어갔다.

나는 이 과정이 힘들기도 했지만 재미있고 보람도 있었다. 누군가의 니즈와 욕구를 정확히 파악하고 원하는 것을 제대로 만들어 주거나 제공해 주는 일은 뿌듯하고 짜릿함이 있는 일이기도 하다. 사이트나 앱을 사용하는 사용자 혹은 고객사가 원하는 것을 명확히 알고 있다고 믿으면 안 된다. 그들은 현재의 불편함이나 더 나아졌으면 하는 바람이 있을 뿐, 그것이 어떤 형태로 만들어져야 하는지는 잘 모를 때가 많다. 그래서 서비스 전략기획자가 필요한 것이다. 결국 서비스 기획자로 사는 나는 타인에게만 숱한 질문을 던지며 살았다. 질문해야 할 타인이 많아지고, 그 질문의 무게가 더해질수록 나는 나에게 질문하는 법을 잊어갔다. 밖으로 향한 숱한 질문들에 치여 나에게 질문할 시간과 여유를 갖기는 쉽지 않았던 탓일 것이다.

마흔두 살쯤 되었을 때 갑자기 질문의 방향이 나를 향하며 고객사 담당자에게 던지는 질문이 의미 없게 느껴졌다. 당시 나는 번아웃 증세로 불면에 시달렸고, 아침에 일어나 나도 모르게 눈물을 흘리며 시간을 보내곤 했다. 매일 지각을 하는 비정상적인 출근 행태가 이어지며 이사님으로부터 눈총을 받기 시작했다. 이미 수년 전부터 징조가 보였던 번아웃 상태를 인지하지 못하고 심각한 상태까지 와 버린 것이다. 그때부터 나의 업무 성과는 상승 곡선이 아닌 평행선을 그리기 시작했다. 번아웃으로 심신이 지친 탓이라고 생각하기도 했다. 진짜 이유는 번아웃이 아니라는 건 일에 매몰되어 있던 나를 끄집어내면서 쉽게 알 수 있었다. 번아웃이 오고 상담을 받으면서 타인의 인정과 기준에 집착하지 않기 시작했다. 동시에 타인에게 던지는 질문들을 줄이고 나에게 질문을 던지기 시작했다.

사용자와 고객사에게 원하는 것이 무엇인지, 현재 상태가 어떤지를 묻느라 묻지 못했던 '내 상태와 내 바람'에 대한 질문이 시작된 것이다. 시간이 지나고 깨달은 건 아침에 눈뜨는 것이 즐거운 오늘을 살게 해 준 것이 바로 이때 나로 방향을 바꾼 질문 덕이라는 것이다. 타인에게 던지는 질문보다 더 큰 힘을 지닌 건 바로 나에게 스스로 던지는 질문이지 않을까?

5.
Round1.5.
난… 어떻게 살고 싶은 거니?

나를 향해 스스로 묻기 시작한 '어떻게 살고 싶은가'라는 질문의 답을 찾는 건 쉽지 않았다. 여기가 아니라는 것을 깨닫는다고 나가는 문이 바로 보이는 것은 아니었다. 문이 없어서라기보다 어느 문으로 나갈 것인지 몰랐기 때문이다. 하던 일을 그만둘 수도 없었고, 돌파구를 어떻게 찾아야 할지도 알 수가 없었다. 그렇다고 가만히 있을 수도 없어 일단 회사로만 향한 시선을 바깥 세상으로 돌려 보기로 했다.

'그래, 거기라도 가자.'
마음에 내내 품고 있었지만 일에 밀리고 밀려 십수 년간 묵히고 있던 춤을 배우겠다는 꿈을 실현하기로 결심했다. 온라인으로 강좌를 신청한 후, 첫 강습일을 떨리는 마음으로 기다렸다. 회사와 일 외에 다른 것에 관심을 갖는 것만으로도 살 것 같은 기분이었다. 수강생 중에 내가 제일 나이 많은 사람이 아니기를 빌며 첫 강습일에 홍대에 있는 지하 연습실의 문을 열었다. 15명쯤 되는 수강생이 이미 와 있었다. '아… 내가 제일 나이가 많구나….'

굳이 나이를 묻지 않아도 다들 나보다 서너 살 이상은 어린 듯 보이는 사람들만 있었다. 그렇다고 많은 나이가 민망해 물러날 상황이 아니었다. 숨통이 트일 곳을 애써 찾아간 곳이었으니 그 정도의 민망함은 별 문제가 되지 않았다. 음악소리와 강사들의 몸짓만으로도 가슴이 콩닥거렸다. 마흔이 넘은 나이에 강습을 듣겠다고 서 있는 내가 신기했다. 한편으로는 기특함도 느껴졌다. 죽기 전에 꼭 다시 배울 거라고 입버릇처럼 말했지만 내가 진짜로 라틴댄스를 배우겠다고 나설 줄은 나도 몰랐다.

내가 이렇게 취미에 열정적인 사람이었나 싶은 것이 스스로도 내가 새로웠다. 외근 나갔다가 카페에서 커피 한 잔 마시는 것도 땡땡이치는 기분이 들어 불편해 곧장 사무실로 들어오던 나였다. 그런 내가 야근하던 중에 약속이 있어 나갔다가 다시 온다는 거짓말을 하고 춤을 배우러 와 있다니! 분명 나는 변하고 있었다.

춤을 배우는 과정은 의외의 깨달음을 얻는 과정이었다. 온전하게 나에게 집중하는 것이 무엇인지를 배웠다. 몸치에 박치인 나는 다른 사람을 보며 부러워하거나 남들과 나를 비교할 여유가 없었다. 왼쪽 오른쪽 방향 찾는 것도 힘들어하는 거울에 비친 내 몸 보는 일만으로도 정신이 없었다. 그럼에도 애초에 잘 할 수 있다는 기대가 없어서 그랬는지 배우는 과정도 마음이 편했다. 잘해야 한다는 강박도 없고 다른 이들과 굳이 비교할 수준도 안 되는 그 상황에서 처음으로 온전히 나에게만 집중하는 경험을 했다. 모든 기준을 나에게 두고 아주 천천히 늘어가는 춤 실력에 혼자 뿌듯함을 느끼고 기뻐했다.

오랜 시간 일에만 치여 살다가 마흔이 넘어 시작한 취미이니 즐거운 것이 당연했으나 그것이 즐거울 수 있는 이유의 전부는 아니었다. 적어도 춤에 있어서는 잘하고 못함의 기준을 타인에게 두지 않고 내 자신에게 두었던 것도 큰 몫을 했다.

혼자 연습실을 잡아 기본 스텝 연습도 해보고, 턴 연습도 했으나 실력이 나아지는 속도는 너무 느리기만 했다. 나는 함께 강습을 듣기 시작한 동기들 중에 가장 나이 많고, 가장 열심히 하지만 실력은 노력한 만큼 늘지는 않는, 하지만 성격 괜찮은 언니 혹은 누나로 3년 정도를 살았다.

춤을 배우기 시작하고 2년 정도는 매일같이 라틴바에 갔다. 야근을 하는 날에도 저녁 식사 대신 춤 강습을 택하는 날도 많았다. 혼자 일을 해도 되는 날에는 저녁 나절 내내 춤을 추다가 자정이 다 된 시간에 사무실로 다시 돌아와 일을 하기도 했다. 그렇게 나는 회사와 업무에만 매몰되었던 상태에서 벗어났다. 물론 업무 성과는 전보다 못했고 그에 따른 대표님과 이사님의 눈총은 감수해야 했다. 신기한 건 일을 좀 못하는 이 상황이 성과가 좋았던 때보다 더 행복하다는 사실이었다.

나는 일만 열심히 할 때보다 훨씬 잘 웃는 사람이 되어 있었다. 사람들에게 더 너그러웠고 예민하게 굴지 않고 그럴 수 있다고 넘어가는 상황이 더 많아졌다. 사람들은 나에게 표정이 너무 밝아졌다고, 인상도 좋아졌다며 좋은 일 있냐고 종종 물어왔다. 업무 성과는 떨어졌지만 내가 원래 잘 웃는 사람이었고, 하고 싶고 재미있는 건 꽤나 열심히 하는 사람임을 기억해 낸 시간이었다. 대학을 졸업하고 혼자 서울로 올라와 버티듯 사회생활을 해 오면서 나를 들여다보는 법을 잊어가고 있었다.

사회생활을 시작한 지 17년쯤 된 그때서야 나는 나에게 처음으로 질문을 던졌다.
'남효승, 너… 어떻게 살고 싶은 거니?'
마흔둘에 던진 이 질문의 답을 찾을 수 있을까 덜컥 겁이 나기도 했다. 눈 앞의 문제를 해결하듯 산 시간이 너무 길어 길을 잃은 기분이었다. 오십이 넘고 육십이 넘으면 나는 어떤 삶을 살고 있을까? 인생이 뚝 끊길 것만 같아 두렵기까지 했다. 오십 중반이 넘어서 해야 할 두 번째 직업을 찾아야 한다는 절박함이 생겼다.

6.
Round2.0.
당신, 무슨 얘기를 하고 싶나요?

'어떻게 살고 싶은가'에 대한 답과 70대가 되어서도 할 수 있는 두 번째 직업을 찾는 일은 방향도 잡지 못하고 수 년이 흘렀다. 기획자의 삶을 꾸준히 살기는 했지만 내 삶의 방향성이 없다는 것을 깨닫고 난 후로는 일에 있어 이전과 같은 열정이 다시 생기지는 않았다.

마흔이 넘어 대혼란을 겪는 그 시기에 나는 혼자 생활을 책임져야 했고 당장 놀 수 있는 상황도 아니었다. 마음은 방황하는 시기였으나 나의 일상은 흔들리면 안 되는 탓에 열정이 없긴 했지만 전과 다름없이 열심히 회사를 다니며 성실하게 내 몫을 해냈다. 그러나 그 와중에도 20대 때부터 언젠가 기회가 되면 하고 싶었던 일인 상담 관련 직업에 대해 찾아보기도 했다. 제대로 된 상담사로 살려면 공부만 10여 년을 해야 한다는 것을 알고 깔끔하게 포기했다. 대신 타로 상담을 해 볼까 싶어 사당동에 있는 타로 학원을 찾아가 몇십만 원을 주고 타로를 배우기도 했다. 재미있게 배우기는 했지만 직업으로서는 내키지 않아 배워본 것으로 만족했다.

 아예 서비스 기획자 중에서도 디자인씽킹 전문가가 되면 어떨까 싶어 백만 원이 훌쩍 넘는 워크숍을 듣기도 하고, 퍼실리테이터가 되는 것도 새로운 길일 수 있을 거란 생각에 그 또한 적지 않은 돈과 시간을 들여 배우기도 했다. 본래 하는 일과 연관성이 있는 공부들이라 역량 강화 측면에서는 의미가 있었지만 오십 이후의 삶을 그리는 일에는 도움이 되지 않았다. 그렇게 내 인생의 나침반은 방향을 제대로 가리키지 못한 채 시간만 지나고 있었다.
 '저분, 일을 너무 열정적으로 한다. 이 프로젝트에 애정이 많은 건 알겠지만… 요구사항을 자꾸 늘리고 바꾸면 우린 어쩌라는 거야!! 미치겠네…'

 이십 년을 넘게 숱한 프로젝트를 하며 깨달은 건 세상에 저절로 진행되고 저절로 끝나는, 거저먹는 프로젝트는 없다는 것이다. 그래도 그중에서도 유난히 힘든 프로젝트는 있다. 내 인생의 방향성에 대해 고민한 지 5년쯤 되었을 때 진행하게 된 프로젝트가 바로 그중 하나가 되어가는 중이었다. 힘든 프로젝트로 만드는 원동력은 고객사 담당자인 K 과장, 그녀였다.
 K 과장은 일에 대한 열정과 애정이 남달랐다. 함께 만들고 있는 서비스에 대한 애착은 함께 회의를 하다 보면 능력만 된다면 다 들어주고 싶다는 생각이 들 정도로 진심이었다. 하지만 그녀의 열정

은 우리 회사의 리스크로 차곡차곡 쌓이는 중이었다. 이상한 건 미울 법도 한 그녀가 미워지지는 않는다는 사실이었다. 나보다 예닐곱 쯤 어린 그녀의 과한 열정을 보며 그 열기에 자신의 몸과 마음이 건조해져 가는 걸 모르는 건 아닌가 싶어 괜한 걱정이 들기도 했다. 그 시기의 내가 자꾸 떠올라 안쓰럽기도 했다.

수시로 회의를 했기에 가끔은 사담을 나누기도 했다. 직장 생활은 한때라는 뻔한 얘기를 주고받던 중에 그녀는 지나가듯 자신의 고민을 얘기했다. 앞으로 어떻게 살지, 어떻게 해야 나이 먹어서도 안정적으로 일을 할 수 있을 것인지, 새로운 길을 찾기 위해서는 언제 회사를 그만두는 게 좋은 것인지 고민이 많다는 내용이었다. 안정적인 대기업 직장인이자 나를 힘들게 할 만큼 일에 애착이 많은 담당자의 고민으로는 뭔가 맞지 않는 느낌도 든 것이 사실이다. 하지만 나와 마찬가지로 마흔 중반 혹은 오십 이후의 삶을 고민하며 방향을 잡아야 하는 처지인 것이 분명했다.

어느 날 그녀가 뜬금없이 나에게 무언가를 배워 보라고 권했다.
"이사님, 코칭 한 번 해 보세요. 잘 하실 것 같아요."
"코칭이요? 그게 뭐예요? 그게 뭐든 일단 이 프로젝트 끝내야 제가 살아서 뭐든 할 것 같아요. 하하."
프로젝트 스트레스가 최고점을 찍은 상태였기에 귀담아듣지 않았다. 그때는 몰랐다. 지나가는 얘기로 꺼낸 K 과장의 그 한마디가 인생의 방향성을 찾기 위해 5년을 넘게 이것저것 기웃거리던 나의 헤맴을 끝내 줄 말이라는 것을.

  언제 끝이 날까 싶던 프로젝트가 끝나고 4개월쯤 지나서야 K 과장이 했던 말이 생각났다.
  '코칭? 스포츠 코치 같은 건가…'
  그녀가 그 말과 함께 보내 준 교육과정 안내 문서를 찾아 찬찬히 읽어 봤다. 네이버와 유튜브 검색도 해 보고 교육을 해 주는 회사 사이트에 들어가 이런저런 정보들을 수집하기 시작했다. 정보를 찾으면 찾을수록 한번 제대로 알아보고 싶다는 생각이 들었다. 본격적인 교육과정에 앞서 맛보기 교육과 안내를 하주는 프로그램을 신청해 참여했다. 도대체 어떤 일인지 궁금증이 크기도 했지만 내 인생에 대단한 변화를 줄 일이라는 기대가 있지는 않았다.

  코칭 교육 과정을 소개하는 샤워링 강의를 신청하고도 회사 일이 바빠져 매번 다음 차수로 연기를 해야만 했다. 넉 달 만에 겨우 참석할 수 있었다. 깔끔한 이미지의 전형적인 기업 강사 스타일의 여자 코치가 설명을 시작했다.
  "누구나 자신의 문제에 답을 찾고 문제를 해결해 나갈 능력을 가지고 있어요. 코칭은 그 능력을 스스로 알고 실행할 수 있게 해 주는 거예요."
  '그런 일이… 있었어?'

태어나 처음으로 내가 이 일을 하면 행복할 수 있겠다는 생각으로 가슴이 떨렸다. 코칭이 어떤 것인지도 모른 채 교육을 듣겠다고 찾아간 첫날, 내 인생의 나침반은 스스로 방향을 잡은 듯했다. 나… 이런 일을 하는 사람으로 살면서 할머니로 늙어 가면 되겠다. 내가 누군가에게 스스로의 가능성과 힘을 발견하게 하고 믿도록 하는 일이 존재한다는 것이 신기했다. 생각하는 힘이 결국 삶을 능동적으로 살아가게 한다는 나의 믿음에도 부합되는 일인 것만 같았다.

그날 이후로 나의 일상은 바뀌었다. 기존의 직업을 버리는 것이 아니라 새로운 직업을 더한다는 개념으로 코칭 공부를 시작했다. 23년간 해 오던 일을 버리는 건 바보 같은 일이라는 생각이 들었다. 더 늦기 전에 대학원을 가겠다는 생각에 코칭 공부를 하기로 결정한 그 주에 대학원까지 결정해 버렸다. 내가 그렇게 실행력이 좋은 사람인지 몰랐다. 일과 대학원, 자격증 공부까지 어떻게 해낼 것인지는 고민도 하지 않았다. 일단 시작해야 한다는 생각뿐이었다.

코칭 공부를 시작하고 얼마 지나지 않아 알게 된 사실은 코칭으로 최소 생활비라도 버는 건 결코 쉽지 않다는 것이었다. 경제적인 관점에서 보면 무모한 도전이라고 해도 아예 틀린 말은 아닌 선택이었다. 인생이 어디로 어떻게 흘러갈지는 아무도 모르기에 일단 이게 맞다 싶으면 하는 게 낫다는 걸 안 나이이기에 가능한 도전이었다. 무엇보다 이렇게까지 내가 하고 싶었던 일은 만난 건 이십 대 중반에 일 년 남짓 잡지 기자로 살았던 시절 이후로 처음이었다. 무언가가 미치도록 하고 싶다는 사실만으로도 행복했다. 무심코 나에게 코칭을 권했던 K 과장이 너무 고마웠다.

  그렇게 시작한 코칭 공부는 2년째 지속하고 있고, 전문 코치로 살아온 지 1년이 되었다. 이제 많지는 않으나 코치로서 수입도 생기고 누군가에게 '남효승 코치'라고 당당하게 얘기할 수도 있다. 지금 당장 대단한 기반이 닦이진 않았어도 내가 앞으로 하고 싶은 일, 꾸준히 나아갈 방향에 대한 확신은 생각보다 탄탄한 심리적 안정감을 갖게 해 준다. 현재 시간에 대한 의미를 찾을 수 있게 해 주고, 다음 스텝에 대한 계획을 세울 수 있게 한다. 계획이 변경된다 해도 길을 잃어 헤매는 막막함을 겪지는 않는다.

  이제 나는 나에게 던지는 질문보다 나를 만나는 다른 사람들에게 더 많은 질문을 하고 산다.

  '오늘은 어떤 얘기를 나누고 싶어요?'

  이 질문을 시작으로 풀어내는 많은 이야기와 질문들로 사람들은 자신만의 길을 조금씩 찾기도 하고 만들어 가기도 한다. 나 또한 고객으로 만나는 피코치들의 그 과정을 함께하며 나의 길을 만들어 가고 있다.

7.
당신의 Round.
지금, 당신이 당신에게 묻다

'질문'이라는 키워드로 나의 이야기를 돌아보기 전에는 코치가 되면서 질문을 많이 하기 시작한 것이라고 생각했다. 하지만 하나둘 지난 시간들을 끄집어내다 보니 그게 아니라는 것을 알게 되었다. 나의 인생은 누군가가 건네는 질문, 내가 스스로에게 건네는 질문, 누군가에게 내가 건네는 질문의 연속임을 깨달았다. 질문은 생각보다 나에게 익숙한 대화법이었다.

우리 모두는 자신이 인지하지 못하더라도 일상 속에서 끊임없는 질문을 받고 또 질문을 하며 살아간다. 회사에서는 일 처리를 다 끝냈는지, 언제까지 해야 하는지, 정확하게 무엇을 해야 하는지를 묻고 답하며 살아간다. 집에서는 밥은 먹었는지, 왜 늦었는지, 언제 시킨 일을 할 것인지 등등 우리는 의외로 수많은 질문 속에 있다. 그런데 곰곰이 생각해 보면 일상 속에서 오가는 질문 대부분은 무언가를 처리하기 위한 질문이거나 이미 결정된 사항을 묻는 질문, 계획을 묻는 질문, 이미 벌어진 일에 대해 묻는 질문이다. 내 마음, 생각, 느낌에 대해 묻거나 정말 원하는 것에 대해 묻는 경우는 거의 없다. 타인에게 묻는 일도 없을뿐더러 스스로에게도 묻지 않는다.

 코칭을 하며 만나는 고객에게 사전에 묻는 질문 중에는 '살면서 가장 행복했던 순간은 언제인가요?', '삶을 살아가는 데 있어 가장 중요하게 생각하는 가치는 무엇인가요?'라는 질문이 있다. 대기업을 다니는 직장인이든 경력이 단절된 육아맘이든, 이제 한창 공부 중인 대학생이든 대부분의 고객은 이런 질문을 받은 경험이 거의 없다고 대답한다. 그래서 이런 것들에 대해 생각해 본 적도 없다고 한다. 우리는 질문을 받으면 자동반사적으로 답을 하기 위해 두뇌를 풀가동시킨다. 문제가 주어지면 풀어야 한다는 자동적 반응이 익숙한 시험 중심의 교육을 받은 덕인지도 모르겠다. 어쨌든 주어진 낯선 질문에 대해 골똘히 생각하는 시간을 갖게 되고 한 번도 해 보지 않은 자신의 삶에 대한 정리 혹은 해석을 하기 시작한다. 질문의 의도를 파악하고, 그 질문에 맞는 생각을 하고, 그 생각을 스스로 정리하고 점검하는 과정에서 우리는 새로운 생각을 발견하기도 하고 잊었던 것을 떠올리기도 한다. 답을 찾기 위해 시선이 나에게로 향하게 되고 도통 들여다보지 않았던 내 마음을 찬찬히 살피게 된다.

 질문에 대한 답을 스스로 찾으며 정리한 내용은 쉽게 잊지 않는다. 코칭이 고객에게 강력한 과정인 이유는 바로 이것 때문이다. 내가 스스로 찾아간 길과 목적지는 온전하게 내 것이기 때문이다. 이러한 질문은 가끔 스스로에게 던져 보는 것도 좋다. 내가 지금 어디에 있는지, 무엇을 하고 있는지, 무엇을 원하는지, 필요한 것이 무엇인지.

한 번쯤 조용한 나만의 장소에서 아무에게도 방해받지 않는 시간에 가만히 앉아 생각해 봐도 좋을 일이다.
'지금 당신, 당신에게 어떤 질문을 하고 싶나요?'

새로운 도전:
오늘이 가장
젊은 날

[프로필]

정 창 우 (1965.1~)

걷기1급 지도자. 걷기 강사, 트레킹 플래너.
길을 걷는 순간 가장 자유로움과 행복감을 느끼는 사람

-2013년 우연히 지인이 참가하는 울트라 걷기 대회에 응원을 갔다가 걷기의 매력에 빠져 틈만 나면 걷기에 나서 지난 10년 동안 전국 유명 도보 트레일 종주 및 각종 울트라 걷기 대회에 참가하였다.

-2015년부터 아내와 함께 해파랑길 770km, 자전거국토종주길 633km, 지리산둘레길 300km, 제주올레길을 완주하고, 대학 동기들과 정기적으로 걷기 모임을 주관하며 걷기 운동이 육체적 건강에 도움이 됨은 물론 함께 걷기를 통해 부부간 갈등을 해결하는 데도 많은 도움을 주는 것을 보고 느꼈다.

-2015년 대한걷기연맹/상지대 평생대학원에서 걷기1급 지도자 자격 취득.

-2017년 코리아둘레길걷기 밴드를 조직하여 매주 전국의 유명 트레일을 함께 걷고 안양지역 시민모임 '아파트 인문학 강의', 장애인 연금공단 등 퇴직을 앞둔 직장인 대상으로 강의하는 등 많은 사람들에게 걷기 운동의 장점과 중요성, 효과적인 걷기 방법을 전달하는 걷기 전도사 역할을 자처하고 있다.

-2017년부터 3년간 문화체육관광부와 한국관광공사에서 조성 중인 대한민국 지도를 따라 걷는 코리아둘레길 4500km 노선 조사 작업에 참여하여 노선 실사 및 간이 안내 사인 설치를 하면서 우리 국토의 아름다움을 목도하고 멀지 않은 장래에 지금은 갈 수 없는 북녘땅도 두 발로 걸어 보는 가슴 벅찬 순간을 기대하며 오늘도 대한민국을 종횡으로 누비며 구석구석 걷고 있다.

〈주요 종주 트레일〉
*코리아둘레길 4500km:
 해파랑길(부산 오륙도~강원 고성), 남파랑길(부산 오륙도~전남 해남),
 서해랑길(전남 해남~인천 강화), DMZ 평화의길(인천 강화~강원 고성)

*서울둘레길 157km, 경기평화누리길 191km, 자전거국토종주길 633km,
 4대강 자전거 종주길, 지리산둘레길 300km, 몽골트레킹, 경기옛길 485km,
 제주올레길 430km, 인제천리길 460km, 경기둘레길 860km, 강화나들길 310km 등
 전국 방방곡곡 유명 도보 트레일 다수

〈주요 울트라걷기 대회〉
*원주 100km, 제주 250km, 울산 128km, 새만금방조제 66km
 걷기 대회 등 다수 참여
*옥스팜트레일워커 100km
 (2018 전남 구례, 2019 강원 홍천/인제, 2022 강원 인제 대회)

[들어가는 말]

지난 몇 년간 전국의 도보 트레일을 다니다 보니 친구들은 고산자 김정호가 21세기에 환생했다고 농담을 한다. 그러면서 그동안 걸었던 이야기를 책으로 내도 몇 권은 될 테니 한번 내 보라고 한다. 처음엔 '글은 아무나 쓰나' 하고 농담으로 흘려듣다가 어느 날 문득 그동안 나 혼자, 친구들과 혹은 아내와 함께 길을 걸으며 느낀 생각들을 책으로 한번 적어도 좋겠단 생각이 들었다. 서점에 가 보면 산티아고 순례자길, 제주 올레길 등을 걷고 와서 책 한 권 쓴 사람도 많은데 나 정도면 몇 권은 쓰고도 남겠다는 자만심도 살짝 들었다. 그러나 며칠 후면 남의 일로 잊어버리고 지냈다.

코리아둘레길걷기 밴드에서 가끔 함께 길을 걷던 제이엠커리어 이승은 상무가 나만의 책 쓰기 과정을 소개하며 이번 기회에 책을 한번 쓸 수 있는 동기를 가져 보라고 권했다. 자발적으로 안 되니 억지로라도 한번 해 보는 계기를 만들어 볼까 하는 생각이 들었다. 비슷한 생각을 가진 내 또래의 수강생 몇 명과 10번의 강의를 들으며 생각을 조금씩 구체화시킬 수 있었다. 강의를 마칠 무렵 각자가 인생 후반전을 시작하는 시점에서 새로운 도전을 하는 이야기를 하나씩 적어 책을 한 권 내기로 의견을 모았다.

인생 후반전을 앞둔 사람들에게 어떤 것들이 가장 필요할까? 돈, 건강, 여가, 취미, 봉사, 관계 등 어느 것 하나 중요하지 않은 것이 있을까? 우연한 기회에 걷기를 시작하면서 지나온 인생 전반전을 한번 돌아보게 되고 전국의 수많은 길을 걷는 동안 내가 느낀 생각을 짧게 적어 보았다. 대단하진 않지만 앞으로 인생 후반전을 사는 동안 걷기를 통해서 배운 교훈이 큰 힘이 되리라고 확신한다.

어떤 미래학자는 '전 세계를 휩쓸고 있는 코로나19 때문에 타인에 대한 경계심이 강해지고 사회적 교류마저 위협적인 일이 되어 인류는 코로나19 사태 이전으로 완벽히 돌아갈 수 없는 사회적 동물의 퇴보를 마주하게 될 것'이라고 말했다. 그러나 난 사람들이 여전히 결코 나 홀로 존재하지 않고 타인과의 교류를 통해서 행복을 느끼는 사회적 동물이라는 확고한 믿음을 가진다. 특히 중년 이후의 삶은 더욱 그럴 것이다. 혼자 걷는 것도 좋지만 걷기의 좋은 점을 함께 나누고 걸을 때 더 행복한 경험을 많이 가졌다. 또 친구들과 서로를 의지하고 격려하면서 고통을 이겨 내고 밤새 빗속을 걸으며 한계를 극복해 낸 경험이 우리 인생을 풍요롭게 해 주는 자양분이 되리라 믿는다. 이 글을 통해서 그런 경험을 공유하고 싶다. 이런 친구들과 함께 인생 후반전을 걸어갈 수 있다면 행복하지 않을까?

늘 마음만 앞서고 주저하던 사람을 격려해 주고 배낭 메고 길을 나설 때마다 응원해 주던 가족들에게 진심으로 고맙다. 함께 길을 걸으며 의지하고 격려해 주던 대학 친구들, 특히 옥스팜트레일워커 100km 대회를 함께 참가한 친구들, 연습 때부터 대회 서포터즈까지 물심양면으로 지원해 준 친구들의 우정에 깊은 감동을 느낀다. 나만의 책 쓰기 과정 명로진 강사님과 함께 새로운 도전을 꿈꾸며 이 책을 만든 여섯 명의 명행성 1기 책 쓰기 과정 동료들께 진심으로 존경과 감사의 뜻을 전한다.

2022.4. 송파 寓居에서

1.
도대체 왜 걸으세요?

최근 아직은 회사에서 능력을 발휘하며 더 다닐 수 있고 소위 남들이 부러워하는 회사를 명예퇴직한 친구와 저녁 식사를 하였다. 자연스레 명퇴를 결심한 이유를 물었다. 친구는 직장 생활 30년 열심히 하면서 앞만 보고 살았으니 이젠 자신을 위해 인생 2막을 준비하며 꿈을 꾸는 자연인으로 살고 싶단다.

꿈! 참 오랜만에 듣는 익숙한 듯 생경한 용어다. 늘 "네 꿈이 뭐냐?" 질문도 많이 받고 후배나 자식들에게도 많이 한 질문이다. 갑자기 든 생각은 50대 중반을 넘은 나이에도 새로운 꿈을 꿀 게 있을까?

나에게 질문을 해 본다. 네 꿈은 무언지? 약 20여 년 전 이 친구보다도 훨씬 이른 시기인 30대 후반에 나 역시 남들이 부러워하는 국내 최고의 대기업에서 나름 촉망받으며 잘나가던 시절에 사표를 내고 나올 때 가졌던 꿈은 무엇이었나? 그 꿈을 이루기 위해 무엇을 했나? 지금은 그때 꿈이 바뀌었나? 아니 여전히 꿈이 있기는 한가?

갑자기 많은 생각을 하게 되었다.

지난 10년간 정말 많은 길을 걷는 동안 함께 걷는 사람들이 늘 묻는 말이 있다.
"도대체 왜 그렇게 많이 걸으세요?"
"걷기가 돈이 되는 일도 아닌데 어떤 이유로 걷기를 하는지 궁금합니다."

왜 걷기를 했을까? 사람은 누구나 약간의 차이는 있겠지만 돌 무렵부터 걷기 시작해서 죽는 순간까지 일생 동안 걷기를 하며 산다. 그러나 취미로 혹은 목적을 가지고 오랜 기간 꾸준히 걷기를 하는 건 다른 이야기다. 다른 사람들에게 "왜 그렇게 걷기를 많이 하세요?"라는 이야기를 들을 정도면 분명 이유가 있을 것이다. 내게 그런 질문을 하는 사람이 "걷기가 건강에 좋으니까요."라는 단순한 대답을 기대하지는 않을 것이다.

어릴 때부터 운동을 좋아했었다. 축구, 농구 등 구기 종목을 좋아했고 초등학교 땐 학교 육상부 활동도 하면서 초등학교에서 가장 장거리인 1000m 달리기를 학교 대표선수로 나갔었다. 중학교 이후는 육상을 그만두었지만 운동하는 걸 즐겼고 입시 준비에 바쁜 고교 시절은 물론 군대, 회사 다니는 동안에도 30대 중반까지는 비록 동네 축구 수준이지만 공은 좀 찰 줄 안다는 이야기를 들었다. 그다지 힘든 줄 모르고 산도 많이 다녔다. 그러나 딱히 남보다 훨씬 잘하는 운동은 없었다.

그냥 누구나 하는 정도로 땀 흘리며 산행하고 걷는 건 좋아하는 정도로 지냈다고 하는 게 맞다.

그런 내가 인생 후반전에 걷기전도사를 자처하며 살게 된 계기는 모든 것이 그렇듯 우연히 찾아왔다.

2.
처음으로
장거리 33km를 걷다

 2013년 가을에 신혼 때부터 만나 온 아내 친구들 부부 모임에서 남편들 중엔 제일 연장자인 종훈 형이 불쑥 제안을 했다.

 "창우 씨, 이번 주 시간되면 나랑 군산 갈래요?"
 본인이 군산 새만금방조제 왕복 66km 걷기 대회를 가는데 응원 걷기를 가자는 것이다.

 "66km 걷기 대회요? 그런 대회도 있어요?"라고 물었다.

 알고 보니 형이 걷기에 취미를 가지고 나에게는 생소한 대한걷기연맹이라는 단체에서 주관하는 한국 걷기그랜드슬램워커에 도전하는데 이번이 그중 마지막 대회라는 것이다.
 한국 걷기그랜드슬램워커는 대한걷기연맹에서 주최하는 1년에 4개의 울트라 걷기 대회를 한 해에 전부 완보하는 사람들을 일컫는 일종의 공인 걷기왕인 것이다. 4개의 대회는 원주에서 진행하는 100km 걷기 대회(24시간 제한), 제주도 해안 따라 한 바퀴 일주하는 250km 걷기 대회(5일간 1일 50km 걷기), 울산 태화강 일원을 걷는 128km 걷기 대회(2일간 진행), 군산 새만금방조제 왕복 66km 걷기 대회를 말한다. 지금은 대회 운영 방식이 조금 바뀐 것으로 안다.

이런 걷기 대회가 있다는 것도 생소하였지만 하루에 100km를 걷는 등 이런 울트라 걷기 대회는 생각조차 못했던 내겐 선배의 이야기가 너무 뜻밖이고 더구나 그 해 3개 대회를 모두 완주하고 마지막 군산 새만금방조제 왕복 66km 걷기 대회만 완주하면 걷기그랜드슬램워커라는 대단한 기록을 달성한다는데 당연히 가서 축하해 주겠다고 말했다. 솔직히 어떤 대회인지도 궁금했고 그보다 어떤 사람들이 참가하는지가 더 궁금했다.

2013.10.12.(토)
아내와 다른 친구 한 분, 그리고 나는 새벽 일찍 군산 새만금 방조제로 향했다.

종훈 형 부부는 군산 비응항에서 부안까지 바다를 가로지르는 새만금방조제를 왕복하는 66km 걷기 대회가 새벽 5시부터 시작되므로 전날 밤 미리 군산에 내려갔다. 우리는 응원 겸 내려갔기 때문에 나는 새만금방조제를 편도로 걷는 33km 걷기에 도전하고 아내와 친구는 10km 걷기에 참석하기로 했다.

　군산 비응항에 도착하니 66km 걷기 참가자들은 이미 출발한 지 오래되었고 9시부터는 5km, 10km, 33km에 참가하는 사람들로 북적였다. 군산시에서 주최하는 걷기축제 행사를 겸했다. 생각보다 많은 사람이 모였다. 자녀들과 함께 가족 단위로 참석한 사람들도 꽤 많았다. 사람들이 많이 모이니 분위기도 up되었다. 축제답게 경품추첨을 필두로 개회식과 준비운동을 마치고 33km부터 먼저 출발했다. 사실 군대 제대 후 33km를 걷는 건 처음으로 기억한다. 갑자기 33km가 어느 정도 되는 거리인지 궁금해졌다. 400m 육상경기장을 약 83바퀴 도는 거리라 생각하니 감이 잘 안 온다.

　한강공원 잠실철교 아래에서 서쪽 끝 행주대교 아래까지 걸어간다 생각하니 꽤 긴 거리라는 감이 왔다. 한 번씩 자동차로 올림픽대로를 이용하여 공항 가는 길에 행주대교 근처까지 가는 도중 차량 정체라도 있으면 1시간 이상이 걸리는 긴 거리를 걸어간다고 생각하니 순간 아득함을 느꼈다. 평소 산행을 좋아하고 군대에서 장거리 행군도 해 본 경험이 있고, 또 걷기를 좋아하는 편이라 덥석 신청을 했지만 막상 33km를 걸어야 한다고 생각하니 달리 느껴졌다. 그러나 이미 출발했다. 또 누구는 66km 대회에 출전해서 이미 몇 시간째 걷고 있지 않은가? 앞서 걷고 있는 사람들을 보니 나보다 나이가 많은 사람도 많고 또 여성도 많이 보여 체력적으론 내가 못할 게 없다는 생각이 들었다. 무엇보다 달리기처럼 숨을 몰아쉬며 뛰는 게 아니고 걷기 아닌가? 한 번만 하는 거 못할 것도 없겠다 싶은 오기와 자신감도 생겼다.

　가을 날씨에 바닷바람도 시원하게 불어오니 바다를 가로질러 만든 방조제의 쭉 뻗은 보행로를 따라 걷는 기분이 좋았다. 함께 걷던 아내와 친구들은 10km 걷기만 하느라 진작에 헤어졌다. 가족 단위로 많이 참석한 사람들도 10km 이후부터는 거의 보기 어렵고 걷기 동호회 깃발이나 리본을 단 사람들이 일행들과 걷고 나는 혼자 따로 걸었다. 중간 지점쯤 주최 측에서 점심 도시락을 제공하는 곳에서 밥을 먹고 신발을 벗고 잠시 휴식을 취한 뒤 다시 출발하고 얼마 지나지 않아 새벽 5시에 출발한 66km 참가 선수들이 반환점을 돌아오는 게 보인다. 얼마를 더 갔을까? 종훈 형이 건너편에서 손을 흔들며 지나간다. 이미 약 8시간, 50km 가까이 걷고 있는 사람치고 별 지친 기색도 없어 보인다. 새삼 대단해 보인다. 근데 나는 20km 지나면서 발뒤꿈치, 발가락이 조금씩 따끔거린다. 러닝 소매 끝이 닿는 겨드랑이 부분이 약간 쓰린 느낌도 난다.

　초반 시원한 바닷바람이 불고 쭉 뻗은 방조제 보행로는 가도 가도 끝이 가물가물할 뿐 거의 변화가 없이 계속되다 보니 지루해진다. 발은 점점 무거워지고 속도는 떨어지고 남은 거리 표시는 좀처럼 줄어들지 않는다. 6시간 정도면 완보할 줄 알았는데 거의 7시간 다 되어서야 마칠 수 있었다. 양말을 벗어 보니 여기저기 물집이 잡혔다. 윗옷을 벗어 보니 겨드랑이와 팔이 속옷에 쓸렸는지 벌겋게 변했다. 장거리 걷기는 살방살방 동네 산책과는 전혀 다른 걷기라는 걸 비로소 알았다. 당연한 이야기지만 연습이 필요했고 거리에 맞는 신발, 복장 등이 필요한 운동이었다. 아이구, 이걸 왜 하지? 어쨌든 난 한 번 우정 출현해서 완보한 걸로 만족했다고 자위해 본다. 얼마 뒤 형이 다른 제안을 하기 전까지는….

3.
걷기의 매력에 빠지다

2013.11.15.

  늦가을 금요일 밤 대구행 심야 고속버스에 몸을 싣는다. 이번에도 종훈 형의 제안을 받고 호기심 반, 의리 반으로 동행을 하게 되었다. 이번엔 자전거 국토종주길을 걷는다고 했다. 자전거 국토종주길은 인천공항 가는 길에 지나는 영종대교 옆 경인아라뱃길 정서진광장에 있는 아라서해갑문 인증센타에서 부산 을숙도 생태공원 낙동강하구둑 인증센타까지 약 633km의 길을 자전거로 종주하는 길을 말한다. 그는 이 길을 걷기 그랜드슬램 대회 4개를 참여하면서 틈틈이 혼자서, 때론 부부가 함께 걸었다고 한다.

  이제 그동안의 여정을 마무리하는 걷기를 위해 직전 종착점 삼랑진역에서 부산 을숙도까지 약 50km를 남겨두고 동행을 제안한 것이다. 지난번 새만금방조제 33km 걷기에서 힘들었던 기억이 떠올랐으나 서울에서 부산까지 긴 거리를 걷는 대장정 마무리를 함께하고 축하하는 의미 있는 행사에 초대(?)해준 성의를 무시 못 하고 따라나섰다.

대구에 새벽에 도착해서 해장국을 한 그릇 먹고 삼랑진 가는 무궁화호 열차를 탔다. 토요일 아침 첫차인데도 사람이 많다. 여러 가지 목적으로 이른 아침 첫차를 탔겠지만 문득 50km를 걷기 위해 이 시간에 기차를 탄 사람이 있을까 하는 생각이 들어 피식 웃음이 나왔다. 그만큼 나에겐 아직 걷기를 운동 종목으로 인식하기에는 이해가 안 되었다. 삼랑진역에 도착하니 11월 중순 이른 아침이라 그런지 쌀쌀했다. 밀양강이 내려와 낙동강과 합류되는 지역인데 서리가 내린 강가에 물안개가 자욱하게 깔려 있는 강변 자전거 길을 따라 우리는 부산 방향으로 걷기 시작했다. 밤차를 타고 내려와서 그런지 아직 몸은 잔뜩 움츠린 상태로 천천히 걷는다. 잠시 후 형은 서로 걷는 속도가 달라 50km를 처음부터 끝까지 나란히 걷기는 힘들 테니 각자 자기 페이스에 맞게 걷자고 했다. 크게 갈림길이 없으니 자전거 국토종주길 표시를 따라 걷다가 약 2시간 간격으로 휴식을 취할 때 만나기로 했다. 얼마 되지 않아 그는 저만치 멀어져 갔다. 사실 키로 따지면 내가 그보다 10cm 정도 큰 편이고 보폭도 큰 편인데도 불구하고 그의 걸음 속도를 따라가기가 버거워 점점 거리가 멀어졌다. 그만큼 많이 걷고 훈련이 되었겠지.

시간이 지날수록 속도도 나고 몸에 땀이 나면서 걷기 딱 좋았다. 기온도 적당하고 잘 정비된 자전거길 따라 코스모스, 갈대 등이 어우러져 사진도 찍으며 혼자 걸어도 지루하지 않았다. 1달 전 새만금방조제 33km를 걸었던 경험도 도움이 되었다. 약 20km 지점에서 형과 처음으로 만났다. 어느덧 시간도 11시경이라 출출하니 점심이라도 먹고 가자고 했더니 근처 공원에 매점이 있을 것이라고 해서 계속 갔는데도 불구하고 안 보인다. 사전에 조사한 정보와 조금 달랐다. 공원을 벗어나 물금역 주변을 가면 식당들이 있을 것 같았다. 언뜻 보기에도 지나온 거리를 제법 되돌아가서 우회해야 한다. 걷다 보면 지나온 거리를 다시 되돌아가는 게 어떤 의미인지 알게 된다. 귀찮기도 하지만 힘들게 걸어온 거리를 되돌아가는 건 힘 빠지는 일이다. 그래서 둘이 작은 배낭을 뒤져 가져온 간식을 먹고, 가다가 매점이나 식당을 찾기로 했다. 초코파이, 두유, 간식용 소시지 몇 개로 시장기를 달래는 데 꿀맛이었다.

 몸이 기억하는 것일까? 지난번 걸었던 거리인 33km 지점인 화명오토캠핑장 부근을 지나면서부터 고관절 통증이 오기 시작했다. 군대에서 하루 40km 행군을 한 이후 가장 긴 거리를 걷고 있었다. 통증은 점점 심해져 제대로 걸음을 걷기가 힘들 정도로 아팠다. 근처 벤치에 누워 잠시 휴식을 취하면서 스트레칭을 해 보며 통증이 완화되기를 기다렸다. 장거리 걷기를 너무 쉽게 생각했다. 걷기는 몇 시간씩 긴 거리를 거의 같은 동작을 반복하며 이동하는 것이다. 달리기나 등산, 기타 다른 운동과 마찬가지로 장거리 걷기도 당연히 준비운동과 중간중간 적당한 스트레칭이 필요한데도 불구하고 그런 과정을 무시하고 잠깐씩 몸 푸는 시늉만 하고 그냥 걸었다. 숨이 턱 밑까지 차오르거나 다른 종목처럼 몸이 부딪히며 격한 경쟁이 없이 혼자서 하는 운동이라고 만만하게 보고 덤볐다가 큰코다친 것이다.

조심스럽게 어기적어기적 발걸음을 옮기며 걷다 보니 조금은 나아졌다. 다른 사람들이 보기엔 상당히 불편해 보이는 자세로 걸어가며 내가 지금 뭐 하는 거지 하는 생각을 했다. 진짜 이번만 하고 장거리 걷기는 그만둬야겠다는 다짐을 몇 번을 하며 걸었다. 그렇게 한참을 가다 보니 저 멀리 낙동강을 가로지르는 낙동강 하굿둑이 보였다. 11월 중순의 해도 많이 짧아져 낙동강에 붉은 노을을 드리우기 시작한다. 아침 해 뜰 무렵 삼랑진역을 출발해서 해 질 무렵에야 10시간 이상 50km를 걸은 끝에 마침내 을숙도 생태공원 낙동강 하굿둑 인증센터에 도착했다. 미리 도착한 종훈 형과 하이파이브 후 인증샷을 찍고 저녁을 먹으며 소맥 한잔으로 633km 자전거길 국토종주길 걷기 대장정을 끝낸 것을 축하해 주었다.

"두 번 정도 걸어보니 창우 씨도 잘 걷던데 한번 도전해 보는 게 어때? 나보다 키도 크고 신체조건이 좋으니 훨씬 쉽게 잘할 수 있을 것 같은데…."

"제가요? 전 오늘 고관절이 너무 아파 억지로 걸었어요. 혼자 왔다면 그만두었을 겁니다.
장거리 걷기는 오늘 형이랑 걷는 것이 마지막입니다. 하하."

"그래? 아마 또 걷게 될걸? 걷기가 묘한 매력이 있거든."
"형! 더 이상 꼬시지 말고 오늘은 그냥 축하주나 한잔 하세요~"

그러나 이날 이후 나도 모르게 걷기의 매력에 빠졌다.

4.
나의 걷기를 시작하다

  두 번의 장거리 걷기는 내가 걷기를 새롭게 보는 계기가 되었다. 이미 문밖을 나서는 순간부터 자동차 없는 생활은 상상하기 힘들고 시속 300~400km 고속열차가 다니고 우주 여행이 가능한 시대에 두 발을 이용하는 가장 비효율적이고 원시적인 이동 수단인 걷기가 내게 새로운 의미로 다가온 이유는 뭘까? 두 번의 장거리 걷기를 통해서 어떤 걸 느꼈을까? 그 전까지는 가끔 공원이나 운동장에서 걷는 사람을 그다지 눈여겨보지 않았다. 그냥 어느 지점으로 이동하기 위해 걷는 것과 특별히 다르다고 생각하지도 않았다. 그도 그럴 것이 걷기는 일상 생활의 일부분이지 운동이나 다른 특별한 것으로 생각을 할 계기가 거의 없었다. 가끔 TV를 통해 육상 종목의 하나인 경보를 볼 때도 약간 어색한 모습의 운동종목으로 생각은 했지만 걷기로 인식하지는 않았다. 그러나 두 번의 장거리 걷기 후 생각보다 많은 사람들이 걷기를 운동으로 즐기고 일부러 시간을 내서 걷기를 하는 것을 보게 되었다.

이제 2014년 새해면 우리 나이로 50세가 되는 해이다. 세상이 바뀌어 인생 백세시대라 하는데 사실상 백세까지 건강하게 살기 어려운 게 여전한 현실을 감안하면 반환점을 이미 돈 시점이다. 새해를 맞아 인생 후반전을 어떻게 살까 생각하는 시간을 가져 보고도 싶었다. 마침 둘째 딸이 고3이 되는 해이기도 해서 아빠로서 공부해라 잔소리 대신 뭔가 동기 부여를 해 줄 수 있는 게 무엇이 있을까 생각도 했다. 그때 문득 종훈 형의 제안이 생각났다. 그래 걷기를 한번 해 보자. 함께하기 위해서 누구를 설득해야 할 필요도 없고 내가 시간 날 때마다 큰 준비 없이 나서면 되니 그다지 부담스럽지도 않게 생각되었다.
　어디를 걸을지가 문제였다. 우선 생각난 것이 종훈 형이 도전했던 한국걷기그랜드슬램 대회였다.

　대한걷기연맹이라는 단체에서 대회를 주관하는 것을 확인하고 회원가입을 한 후 2014년 대회 스케줄을 확인하였다. 사이트를 보니 그 외에도 다른 대회도 있었지만 우선 4개 울트라 대회 544km를 2014년에 다 완주하기로 마음을 먹고 어떤 식으로 준비를 할까 생각해 보았다. 종훈 형처럼 서울에서 부산까지 자전거 국토종주길을 걸어 볼까 하고 지도를 펴 보았다. 자전거 국토종주길은 차도가 아닌 비교적 안전한 전용길이 있어 초보자가 시작하기에 큰 부담이 없어 보였다. 그러다 문득 지난번 50km 걸은 종착점이 부산이고 내가 태어나고 자란 고향이 부산이니 새로운 인생 후반전 시작을 기념

하는 의미에서 부산에서 시작하는 길을 걷는 것도 의미가 있을 것 같았다. 지도를 보고 고민하다 기왕 하는 거 대한민국을 내 두 발로 한번 걸어 보자 라고 마음먹었다. 제주도를 포함한 한반도 남쪽 가장자리를 걷고 난 후 대각선으로 연결되는 지점을 걷는 국토종주를 해 보기로 하고 첫 번째로 부산에서 동해안을 따라 강원도 고성 통일전망대까지 가는 것을 목표로 정했다. 원래 모든 일이 그렇듯 마음먹은 것만으로 이미 4개 대회는 물론이고 우리나라 전국을 다 걸은 느낌이 들었다. 왠지 모르게 엄청나게 큰 결심을 한 것 같은 생각이 들었다.

가족들에게 계획을 말했더니 다행히 모두 적극 지지해 주었다. 아마 걷기를 한다니 그다지 큰 부담 없이 받아들였나 보다. 새로 장비를 이것저것 구입하고 대단한 준비를 하고 위험을 무릅쓰고 하는 것이 아니니 그럴 수도 있다. 혼자서 긴 거리를 걷고 장거리 울트라 대회를 나간다는 것에는 걱정을 하는 눈치였지만 아내의 입장에서는 친구 남편인 종훈 형이 이미 시작한 일이니 좀 안심되는 모양이었다. 또 둘째 딸의 성공적인 고3 수험생활을 위해 아빠가 기도하는 마음으로 정성을 들인다는 명분도 있었다.

2014.12.24.
온 가족이 크리스마스 이브 날 동서울터미널에서 해운대행 심야 고속버스를 타고 해파랑길 770km 걷기 첫 발을 내딛었다. 그렇게 해서 본격적으로 나의 걷기 인생이 시작되었다. 걷다 보니 그동안 차를 타고 순식간에 휙 스쳐 지나면서 결코 보고 느낄 수 없는 것들을 걸으면서는 아주 자세히 볼 수 있었다. 하늘의 구름 한 조각, 바람 소리, 숲속의 나무 한 그루, 지지배배 새소리, 길가의 작은 돌멩이 하나, 계절 따라 달리 피는 이름 모를 꽃과 풀들에 관심과 애정을 가질 수 있었다. 두 발은 끊임없이 길을 걸었지만 두 눈은 아름다운 우리 땅을 새로운 시각으로 만났으며, 두 귀는 작은 새소리, 물소리에도 귀 기울이고, 두 코는 바람에 실려 오는 비릿함에 점점 익숙해지고, 가슴은 낯선 것에 대한 호기심과 기대감으로 가득 찬 여정이었다. 하나의 길을 걷고 새로운 길을 시작해서 걸을 때마다 걷기는 내 내면에 내재된 오감을 한껏 열게 해 주었다. 걷기의 재미에 푹 빠져 혼자서, 친구들과, 아내와 둘이서 전국의 길들을 섭렵하며 걸었다.

5.
걸으며
인생을 배운다

　혼자서 긴 길을 걷는 동안 좋은 길을 걷는 것도 좋았지만 무엇보다 지난 50여 년 내가 살아온 인생을 한번 생각할 수 있는 시간을 가질 수 있어 좋았다. 경제적으로 윤택하진 않았지만 화목한 가정에서 고교까지 부모님 슬하에서 형제들, 친구들과 고향 부산에서 지냈던 시절, 서울서 대학 생활을 하며 뒤늦은 방황도 하고 민주화를 염원하던 시대의 아픔도 함께 느끼며 살았다. 대학 졸업 후 ROTC 장교로 군대를 다녀오고 국내 최대 기업에 취직 후 가정을 꾸리고 회사에서도 능력을 인정받으며 지내다가 아무도 예상치 못한 2001년 말 이른 퇴직을 하면서 처음으로 궤도를 벗어나는 선택을 하기까지는 퍼즐 조각 맞추듯 순탄한 삶을 살았다. 그러나 큰 꿈을 가지고 퇴사 후 몇 년을 휴일 없이 일하며 작은 성취를 맛볼 시점에 가장 믿고 의지하던 사람과 심각한 갈등 끝에 2007년 봄 모든 걸 내려놓는 좌절과 번민의 시간을 가지기도 했다. 시간이 지나 잊을 만하다가 한 번씩 불에 덴 듯 마음속 깊은 상처가 도지는 느낌을 지울 수 없었다. 고맙게도 길을 걷는 동안은 그런 번민에서 벗어날 수 있었으나 일상에 복귀해 생활하다 보면 슬며시 마음 한군데서 상처가 되살아나는 느낌을 떨칠 수가 없었다. 그러나 2015년 11월 해파랑길 770km 종주를 마치고 강원도 고성 통일 전망대에서 북녘 산하를 보는 순간 내 마음속 응어리가 쑥 빠져나가는 경험을 하였다. 뭐라 표현하기 어려운 느낌이었다.

  남북으로, 동서로 긴 국토종주 길을 걷다 보면 시원한 숲길, 화려한 꽃길, 뛰어난 풍광을 자랑하는 길을 만나기도 하지만 거친 돌길, 한여름 뜨거운 태양을 피할 그늘 한 조각, 바람 한 점 없는 길을 만나기도 한다. 길을 걷는 것은 우리 인생살이와 마찬가지다. 내가 선택할 수 없다면 맞부딪히며 극복해야 하는 게 종주길을 걷는 것과 한평생 사는 것과 같다는 걸 길을 걸으며 배웠다. 걷기는 누구를 이기기 위해서 경쟁하는 것이 아니고 자신과 끊임없이 대화를 나누고 자신을 돌아볼 수 있으며 자신을 극복하는 운동이다. 길을 걸으며 용서를 배우고 자신을 낮추고 때론 혼자 긴 길을 걷는 동안 진한 외로움도 느끼며 진정한 자유를 느낄 수 있었다. 미워하던 사람을 이해하고 가족을 비롯한 가까이 있는 사람들을 더욱 사랑하는 마음을 가질 수 있었다. 마음만 먹으면 운동화 신고 아무 때나 나설 수 있는 걷기 운동의 놀라운 기적을 체험할 수 있었다.

6.
함께 걷기를 하다

최근 들어 주변에서 걷기를 하는 인원이 눈에 띄게 아주 많이 늘어나고 있는 걸 느낀다. 집 근처 산책로는 물론이고 지하철에서도 주말은 물론이고 평일에도 배낭을 메고 둘레길을 걷기 위해 가는 사람들을 아주 쉽게 접할 수 있다. 물론 과거에 비해 수명이 늘어나고 건강에 대한 관심이 증가하면서 걷기 운동을 하는 인구가 늘어났겠지만 얼마 전 들은 강의에서 이렇게 걷는 인구가 늘어난 이유를 나름 이해하기 쉽게 분석해 주었다. 크게 시대적 트렌드와 사회적인 트렌드가 변했다는 것이다.

우선 시대적 트렌드의 변화로 첫째, 과거에는 걷기가 운동으로 인식되기보다는 대학생들의 국토대장정과 같이 극기운동 정도로 인식되다가 최근에는 동호회 결성 등 자발적 걷기 운동 조직이 많이 생겼고 중년, 특히 여성들의 걷기 인구가 폭발적으로 늘어나고 있다. 둘째, 제주올레길, 지리산둘레길이 조성된 이후 전국적으로 걷기 여행길이 아주 많이 조성되어 집 근처에서 쉽게 접근할 수 있다.

사회적 트렌드의 변화도 주목할 만하다.
첫째, 정신적 힐링을 추구하는 경향이 늘어났다. 빠른 속도에 지친 현대인들이 스트레스 해소 수단으로 걷기를 한다는 것이다.
둘째 , 의사들이 권하는 고혈압, 당뇨, 고지혈증, 혈관질환 등 주요 성인병을 치료하고 예방하는 효과적인 방법 중의 하나가 걷기다. 두 발이 의사요 걷는 길이 병원인 셈이다.
셋째, 각 지방자치단체들이 복지 인프라 측면에서 걷기여행길을 조성하여 비교적 저렴한 비용으로 걷기 운동을 할 수 있는 기회가 많이 제공되고 있는 게 걷기 인구가 많이 늘어나게 된 이유로 분석할 수 있다.
걷기는 혼자서 언제 어느 곳에서도 손쉽게 할 수 있다. 모든 운동에서 가장 힘들다는 문지방 턱만 넘을 의지만 있으면 별다른 복장과 장비를 구비할 필요 없이 간편복과 운동화만 신고 집 근처 동네 한 바퀴 돌고 와도 되는 운동이다. 혼자 다니는 사람들도 있지만 단체로 이름난 트레일을 걷는 모습도 많이 보이고 걷기 대회에 나가도 단체로 동호회별로 참석하는 걸 볼 수 있다. 학교 동창이나 같은 회사 동호회와 같이 잘 아는 사람들과 다니는 경우도 있지만 산악회처럼 일반인들이 별도로 모임을 만들어 다니는 경우도 많다. 이러한 트렌드 변화로 다음카페, 네이버 카페 등에선 회원수가 아주 많은 걷기 동호회도 있었다. 나 역시 대학 친구들과 2014년부터 같이 걸으며 이야기를 나누다 보니 혼자서는 걷고 싶어도 동네 주변 외에는 길을 잘 몰라서, 그렇다고 모르는 사람들과 멀리 다니기엔 안전성 문제 등으로 조금 꺼려진다는 이야기를 들었다. 혼자 동네 주위만 산책하다가 길을 잘 아는 친구가 리딩을 하고 아는 친구들과 함께 가니 걷기에 더욱 흥미를 느끼게 되었다는 이야기도 한다.

나 혼자 걷는 것도 좋지만 다른 사람들과 함께 좋은 길을 안전하게 걸어 보면 좋겠다는 생각이 들어서 2017년 8월 코리아둘레길걷기 밴드를 만들었다. 2013년부터 100km걷기 등 울트라 걷기 대회를 참가하고 전국의 도보 길들을 혼자 걷기 시작하였다. 2014년 말 부산 오륙도 해맞이 공원에서 강원도 고성 통일 전망대까지 해파랑길 770km를 혼자 도보 완주하고 마지막 완주 축하를 해 주기 위해 함께 한 80여 명의 대학 친구들과 함께 걸으며 통일 전망대 앞에서 가슴 벅찼던 경험을 잊지 못한다. 이후 서울 둘레길 157km, 경기평화누리길 191km 종주를 비롯해 원주 100km 걷기 대회 등을 친구들과 함께 하고, 특히 코리아둘레길 걷기 노선조사 작업에 참여하면서 우리나라의 아름다운 길을 많은 사람들이 함께 걸으면 얼마나 좋을까 생각을 했다. 몇 년 전만 해도 이름도 잘 몰랐던 산티아고 순례길을 어느 순간 외국인으로는 한국 사람들이 가장 많이 방문한다는 보도를 본 적이 있다. 히말라야 트레킹코스, 유럽의 알프스 몽블랑 같은 외국의 유명한 트레일도 한국사람이 아주 많이 찾는다고 한다.

우리나라에서 보기 힘든 외국의 자연 풍광이 더 좋을 수도 있다. 예전에 우리나라에는 도보 여행자들이 걸을 만한 장거리 트레일이 부족했다. 그러나 제주올레길, 지리산둘레길 등을 걸어 보면 경치나 이런 것들이 외국의 트레일에 비해서 못할 이유가 없다. 서울둘레길 같은 경우는 서울과 같은 대도시에 이렇게 쉽게 접근해서 자연 친화적이고 걷기 좋은 장거리길을 갖춘 곳이 또 있을까 생각된다. 코리아둘레길의 모티브가 되는 해파랑길은 어떤가? 산티아고길을 의식해 국내최장거리 걷기 트레일을 만들었는데 산티아고길을 다녀온 사람들은 경치 등을 비교해 보면 산티아고길에 전혀 뒤떨어지지 않는다고 한다. 이런 길을 함께 걷고 싶었다.

이미 네이버나 다음 등에 걷기 카페가 많고 전국에 무수히 많은 산악회가 있는데 새로운 걷기 동호회가 필요할까? 그러나 우리 친구들 모임이나 걷기 대회서 만난 사람들 이야기를 들어봤을 때 충분히 필요성이 있었다.

첫째 밴드의 활성화다. 모두가 휴대폰을 손에서 잠시도 놓지 않는 시기에 활성화되기 시작한 밴드동호회는 언제든지 빠르게 소통 가능한 수단이었다. 특히 중년의 우리 친구들 모임의 활성화에 가장 큰 역할을 한 것이 밴드였음을 잘 알고 있었다. 둘째, 나이가 들어감에 따라 산 정상을 오르는 것에서 벗어나 다소 느리게 힐링을 추구하는 둘레길, 올레길 걷기를 선호하는 인구가 많이 늘어나고 있었다. 셋째 가장 중요한 것은 사람들이 길을 잘 아는 리더에 의한 안전하고 건전한 모임을 원한다는 것이다. 이 점은 나 역시 가장 중요하게 생각하고 가장 잘 할 수 있다는 생각이 들었다. 그래서 몇몇 사람들과 걷기 밴드를 결성하고 한 번 두 번 모임을 하기 시작했다. 함께 다니던 대학 친구들도 참여하면서 한번 참석한 사람들이 지인들을 데려오고 금세 많은 인원으로 늘어났다.

코리아둘레길 걷기밴드는 걷기가 좋아서 모인 사람들이다. 걷고는 싶은데 좋은 길을 잘 몰라서, 낯선 길을 혼자 가기는 부담스러워서, 믿을 만한 모임을 찾아서 온 사람들이다. 보통 직장 은퇴를 한 사람들, 자식이나 남편 뒷바라지를 어느 정도 마친 주부들, 곧 퇴직을 앞둔 사람들이 건강도 챙기고 여가도 즐기기 위해서 많이 가입한다. 그동안 살아온 환경과 배경이 다양한 불특정 일반인들이 모이다 보니 다양한 사람들이 있다. 말 그대로 운동을 하기 위해 나온 사람이 대다수지만 친구를 사귀기 위해 나오는 분도 있고 때로는 이성과의 만남을 위해 나오는 분도 보인다. 사별, 이혼 등으로 배우자와 헤어지게 된 분들이 운동을 하며 자연스레 좋은 분을 만나게 되는 계기가 되는 것은 좋은 일이다. 그러나 가끔 이성에게 불순한 의도적 접근을 하거나 상업적 목적으로 가입하여 여러 사람에게 불편을 초래하는 경우도 보여 강제 퇴출 조치를 하기도 한다.

걷기 운동을 하는 데 있어서도 여러 사람이 함께 하다 보니 다양한 스타일이 존재하는데 혼자 걷기 좋아하는 사람, 계속 다른 사람과 이야기하며 걷는 사람, 짧은 거리를 산책하듯 걷기 원하는 사람, 제법 난이도 높은 코스를 원하는 사람 등 다양하다. 지난 4년 반 동안 정말 많은 길을 다니면서 자연스레 모임을 운영하는 리더인 나의 스타일에 의해 밴드 분위기가 많이 좌우되는 걸 느꼈다. 멤버의 양적인 확장에 신경 쓰기보다는 모두가 서로 배려하고 존중하면서 아름다운 우리 산하를 두 발로 걸으며 건강한 중년 이후의 삶을 보낼 수 있는 좋은 여가 공간이 되고 있다는 걸 느낀다. 멤버들이 걷고 난 뒤 정말 고맙다고 행복한 웃음을 보내 줄 때 큰 보람을 느낀다.

7.
함께 도전하다 :
옥스팜트레일워커 100km 대회?

"악…"

2016년 한 해를 마무리하는 즈음 열린 대학동기회 송년행사의 하이라이트 경품 추첨 때의 일이다. 한참을 기다려도 불리지 않던 내 이름이 불리자 자리에서 벌떡 일어나 앞으로 두어 걸음 내딛는 순간 자지러지며 주저앉았다. 왼쪽 다리 종아리에 극심한 통증이 오더니 일어설 수가 없었다.

"창우야, 왜 그래?"

"잘 모르겠어. 왼쪽 다리가 갑자기 너무 아파."

결국 친구의 부축을 받아 친구 차로 집으로 갔는데 통증이 계속되어 아내와 함께 집 근처 정형외과 응급실로 갔다.

"왼쪽 종아리 비복근이 파열되었습니다. 며칠 입원하시는 게 좋겠습니다. 그리고 최소 1개월은 안정을 취하면서 목발을 사용하셔야겠습니다."

응급실 당직의사가 별일 아니라는 듯이 이야기한다.

새로운 회사에 영업 담당으로 출근한 지 한 달도 안 되고 더구나 새해를 앞두고 한창 새해 업무 준비하며 거래 파트너와 인사도 해야 하는데 2017년 새해를 병원에서 맞이해야 하다니….

마음이 바빠 3일 만에 퇴원 후 반깁스를 하고 목발을 짚고 출퇴근을 하였다. 정형외과와 한의원에서 계속 물리치료와 침 치료를 하면서 하루라도 빨리 회복되기만 기다렸다. 보통 때도 장거리 걷기 대회를 마치고 나면 며칠은 근육 회복을 위해 한의원을 다녔던 터라 원장님과는 잘 알고 있었다. 본인도 마라톤도 가끔 나가고 내가 하는 울트라 걷기에도 관심을 많이 가지고 있었다. 치료한 지 한 달쯤 지난 2월 어느 날 치료 중에 원장님은 치료 중에 뜻밖의 이야기를 하셨다.

"정 선생님! 옥스팜트레일워커 100km대회라고 들어 보셨어요?"
"아뇨? 처음 듣는데요?"
"옥스팜이라고 하는 세계적인 구호단체에서 주최하고 이미 세계 여러 곳에서 대회를 하는데 한국에서는 올해 처음으로 5월에 전남 구례군 지리산 일대에서 100km 걷기 대회를 주최한다던데 기부대회라서 의미도 있고 코스도 매력적인 것 같은데 한번 알아보세요~"

원장님도 참 재미있는 분이다. 다리를 다쳐 치료 중인 환자한테 울트라 걷기 대회를 소개한다.

나는 내 다리 상태가 5월 100km 대회 참가가 가능한지 물었다. 원장님은 웃으며 무리하지는 말라고 하셨다. 그러나 나는 곧바로 대회 검색에 들어갔고 대회 코스를 보니 참가하고 싶은 욕심이 났다.

옥스팜트레일워커 100km 대회는 1981년 홍콩에서 처음 시작된 대회로 전 세계 12개국 18개 도시에서 지금까지 약 20만 명이 참가한 옥스팜의 대표적 기부프로그램이다. 우리나라에서는 2017년 전남 구례와 지리산 일대에서 첫 대회를 개최했다. 100km의 거리를 4명이 한 팀이 되어 38시간 이내에 완주하는 도전 형식의 기부 프로젝트다. 지정된 시간 안에 100km를 완주하는 것은 육체적, 정신적 한계를 뛰어넘는 나를 위한 도전일 뿐만 아니라 전 세계에서 물과 생계를 위해 매일 수십 km를 걸어야 하는 사람들의 고통을 함께하고 팀이 함께 기부금을 모아 가난을 극복하고 세상을 변화시키는 일에 동참하자는 취지가 특징이다.

다른 대회와 달리 크게 두 가지의 특징이 있었다.
첫째, 개인적으로 참가하여 완주하는 대회가 아니고 4명이 한 팀이 되어 함께 완주하는 대회다. 레이스 중 겪게 될 힘들고 어려운 순간을 팀원들이 함께 극복하고 팀의 완주를 위하여 응원해 주고 기부해 준 후원자들을 생각하며 함께 해야 한다.
둘째, 각 팀이 기부 펀딩을 받아서 참가해야 한다.
주최하는 나라별로 약간의 차이는 있지만 참가를 희망하는 4명이 한 팀을 이뤄 40만 원의 기본 참가비를 낸다. 각 팀이 주변의 지인들에게 완주에 대한 응원을 요청한다. 이들이 보내 준 기부금 전액은 전 세계의 가난한 이웃을 일으켜 세우고 가난을 함께 극복하는 데 사용한다.

2015년부터 2년간 원주 100km 걷기 대회를 함께 참가했던 친구들에게 대회를 소개했다. 몇 명의 친구들이 관심을 표시했고 나도 3월 중순경 다리 부상이 어느 정도 회복되어 개인적으로 조금씩 운동을 시작했다. 그러나 2017년 첫 대회는 내 다리 상태로는 무리라 판단되어 결국 아쉽게 참가를 포기했다. 옥스팜트레일 대회는 원주대회와는 달리 지리산을 포함한 산악코스가 많이 포함되어 있어 준비가 많이 필요한 것에 비해 연습시간도 부족했고 좀 무리라는 생각이 들었다. 하지만 포기하지는 않았다. 2018년 대회공고가 나오자 원주 100km 대회를 함께 참가했던 친구들에게 다시 한번 참가 의견을 물었다.

처음엔 두 번의 100km 대회에 참가하며 힘들었던 순간이 떠올랐는지 다소 소극적인 모습을 보였다. 내가 이럴 때 친구들을 설득하기 위해 자주 쓰는 말이 있다.

"오늘이 우리가 가장 건강하고 젊은 날이니 한번 도전해 보자."

"또 이번 대회는 그동안 우리가 참가했던 대회와 달리 좋은 취지를 가진 대회니 더 의미도 있다."

결국 '고대84 행복한 동행' 이름으로 3팀이 구성되었다.

8.
연습만이 두려움을
극복하게 해 준다

   옥스팜 대회 코스를 자세히 보니 주간에 지리산 노고단(1507m)까지 오르는 산행 코스를 포함 섬진강 변, 마을길, 숲길, 야간에도 사성암 산행 코스 등 전남 구례군 일대를 두루 도는 코스로 앞서 경험했던 다른 100km 걷기 대회보다는 난이도가 많이 높았다. 또한 4명이 1팀으로 같이 완주하는 대회 특성상 팀워크도 중요했다. 참가하는 친구들 대부분은 지난 몇 년간 함께 100km 걷기 대회, 대학 동기산악회, 마라톤 풀코스 등을 하며 어느 정도 운동 능력과 팀워크도 검증된 친구들이었다. 3팀 등록을 하고 공식적으로 대학 동기 밴드에 '고대84 행복한 동행 1.2.3팀'의 참가 소식을 알리고 응원과 기부 펀딩 요청을 했다.

   불과 이틀 만에 목표했던 기부 펀딩액 300만 원을 초과하여 마감할 정도로 친구들이 큰 응원을 보내 주었다. 친구들의 응원에 보답하기 위해서라도 꼭 완보해야만 했다.

대회 참가를 두 달 앞두고 개인별 연습 외에 함께 팀워크를 맞추기 위한 합동 연습 일정을 짰다. 서울 시내 20km 산행을 시작으로 평지 30km 걷기 대회, 광교산~청계산 27km 종주 산행을 하고 2번의 야간 훈련을 추가하였다. 100km 완주까지 주어진 제한 시간은 38시간이지만 28시간 내 완보 목표를 세웠다.

긴 시간이 소요되기 때문에 밤새워 야간 걷기를 위한 수면 극복, 랜턴 등 장비 확인을 위해 야간 훈련은 꼭 필요하다. 다른 울트라 대회 때도 했지만 그건 그 대회를 위한 연습일 뿐 매번 대회를 앞두고 연습을 해야 몸이 기억한다. 우리같이 50대 아마추어 동호인들은 부상을 방지하기 위해서 연습이 필요하다.

충분한 연습만이 두려움을 극복할 수 있다는 것을 여러 차례 대회 경험을 통해 배웠다.

대회 참가 친구들이 베테랑들이라 주간에 하는 산행 훈련은 거리 및 난이도에 따라 개인별로 다소 차이는 있지만 큰 부담은 되지 않았다. 그러나 잠을 자지 않고 하는 야간 밤샘 걷기 훈련은 아무래도 힘이 든다. 4월 7일 토요일 저녁 8시 반. 광화문 청계광장을 출발하여 청계천-중랑천-화랑대역-망우, 용마, 아차산, 광나루역-한강공원-옥수역-매봉산-남산까지 50km 야간 훈련을 실시하였다. 대회 코스를 감안하여 최대한 비슷한 코스 구성을 하였다.

4월 초순이지만 바람이 차고 기온도 뚝 떨어져 중랑천을 지날 땐 추위를 느껴 걸음이 저절로 빨라졌다. 자정 무렵 편의점에서 컵라면으로 추위를 달랬지만 망우산 둘레길을 지날 때는 좌우로 공원묘지 탓인지 추위와 함께 묘한 기분이 들어 여자 동기들은 서로 후미에서 걷는 걸 꺼려 발걸음이 저절로 빨라지기도 하였다. 하긴 오십 중반의 남자들도 한밤중에 망우리 공원묘지를 아무렇지 않게 걷기는 쉽지 않으리라. 친구들과 함께라서 심야에 공원묘지 한가운데를 걷는 추억도 경험하게 된다.

용마산으로 오르는 깔딱고개 570 계단을 지나 아차산 정상에서 보는 한강 야경은 일품이었다. 새벽시간이라 추워서 오래 있지 못하고 바로 광나루역으로 빠른 하산을 하고 두 번에 걸친 원주 100km 걷기 대회 연습 때 익숙해진 한강변을 졸음을 참으며 걸었다. 옥수역에서 휴일 이른 아침 시간에도 불구하고 따뜻한 커피, 과일 등을 준비해서 응원 나온 친구들이 큰 힘을 주었다. 이번에 처음 장거리 걷기에 참여한 친구 Y를 포함해 응원 걷기에 참여한 여자 동기가 진작부터 걸음걸이가 불편해 보여 발을 살펴보았다.

둘 다 100원 동전 크기의 물집이 발바닥, 발가락 사이에 몇 개 잡혔다.

"아이고, 많이 힘들었겠네. 진작에 쉬면서 조치를 취하지 그랬어?"
"나 때문에 속도가 처질까 봐… 따끔한 게 느껴졌지만 이렇게 크게 잡힐 줄 몰랐네. 산행은 아무리 길게 해도 괜찮더니 포장도로 오래 걷기는 생각보다 힘이 드네. 하하."

백두대간을 완주할 정도로 산행 베테랑인 친구임에도 장거리 걷기는 처음이라 민폐 끼칠까 봐 참고 걸었다고 한다. 장거리 걷기가 생각보다 어려운 걸 실감했다고 하며 한 번 더 연습을 해보고 최종 참가 여부를 고민하겠다고 한다. 연습을 하는 목적이 이런 것이다.

아침이 밝아 오는 기운을 받아 매봉산을 거쳐 남산에 도착하니 일요일마다 남산에서 운동하는 친구들이 우리를 반겨 주었다. 늘 친구들의 격려와 응원이 정말 큰 힘을 준다. 밤새 걷고 온 친구들과 마중 나온 친구들이 어울려 감자탕과 막걸리 한잔으로 무사 완주를 기원하며 파이팅을 외쳤다.

4월 21일 토요일 오전 10시. 마지막 실전 연습을 위해 청계산 옛골 버스 종점에 모였다. 그동안 야간 훈련은 밤에 모여 12시간 정도 50km 산행 및 걷기 훈련을 했다. 이번엔 며칠 전 대회가 열리는 전남 구례 현지 답사를 다녀와서 대회 코스와 유사하게 연습 코스를 구성하였다. 약 73km 24시간 코스를 친구들에게 올렸더니 모두 입이 쩍 벌어졌다.

"창우 대장! 연습이 너무 쎈 거 아냐?"
"코스답사를 해 보니 생각보다 난이도가 훨씬 높아. 힘은 들겠지만 몇 차례 경험상 울트라 걷기 대회는 충분한 연습만이 부상을 방지하고 두려움을 극복하게 해 준다고 믿어."

예전에 혼자 다녀 본 코스를 세세하게 분석해서 예상 소요시간 및 준비사항을 체크하였다.

12명의 친구들이 하루를 꼬박 걸을 각오로 출발하였다. 봄 날씨치곤 생각보다 무더워서 인능산을 오르며 이내 땀을 쏟았지만 그동안 연습한 덕에 빠른 걸음으로 성큼성큼 나갔다. 남한산성 남문 근처 식당에서 저녁을 먹고 애초 응원 삼아 남한산성까지 약 20km만 동행하기로 했던 L, M은 시원한 맥주를 반주로 곁들인 맛난 저녁을 먹고 해도 져서 선선해지니 내친김에 가는 데까지 가 보기로 하였다. 결국 둘 다 밤새 함께 걷고 M은 뻐꾸기(정식 출전 등록하지 않고 참가한다는 의미)로 대회까지 함께 출전하였다.

남한산성에서 분당 구미동까지 이어지는 산행코스는 높진 않지만 능선길이 오르락내리락을 반복하며 은근 힘이 들었다. 그럼에도 모두 언제 이렇게 밤에 이 길을 걸어 보겠냐며 수다를 떨며 즐겁게 걷는다. 하긴 이런 연습이 아니라면 수십 년째 서울 살면서 한 번도 안 걸어 본 길을 걷고, 또 밤새 걸어 볼 일이 있을까? 그렇게 생각하면 힘든 연습도 즐겁게 할 수 있다. 그것도 억지로 시켜서가 아닌 내가 좋아서 친구들과 함께 하는 일이니….

그동안 각종 울트라 대회 및 연습 때마다 고대84 동기들이 어김없이 나타나서 응원해 주었다. 이날도 예외가 아니었다. 우리가 심야에 분당 지역을 지나가는 것을 아는 분당 친구들이 한밤중임에도 불구하고 영장산, 태재고개에서 기다리며 과일과 음료수를 주고 응원했다. 한밤중에 간식거리를 걱정했던 친구들은 오히려 배가 부른 것을 걱정했다.

이날 우리를 감동시킨 것은 새벽 2시경 분당 탄천 신기교 아래서 기다린 친구들이었다. 일요일마다 분당 탄천에서 걷고 달리는 운동을 하는 친구들이 밤을 잊고 대거 나와 푸짐한 한 상을 차렸다. 경상도식 쇠고기국에, 밥솥째 준비해 온 따뜻한 밥, 잡채 등 각종 반찬류, 심지어 학원을 운영하는 친구는 의자 및 테이블까지 준비해서 한밤에 푸짐한 잔칫상을 벌였다. 물론 목표를 가지고 하루 종일 걷는 우리에겐 심야의 잔칫상이 과했지만 이 친구들의 따뜻한 정성에 그런 것을 따질 상황이 아니었다. 심야 만찬 후에 친구들과 사진을 찍고 따뜻한 배웅을 받으며 큰 힘을 얻고 그 자리를 떠났다. 누가 이런 응원을 해 줄 수 있을까? 친구들아, 고맙다.

새벽에 배가 잔뜩 부른 채로 한강으로 연결되는 긴 탄천길을 걷는 건 산길을 걷는 것보다 훨씬 힘이 들었다. 이기 출발한 지 15시간이 지나고 50km 이상을 걷다 보니 졸음도 쏟아지고 몇몇은 고관절이 아픈지 걸음이 많이 불편해 보였다. 중간 중간 휴식을 취하며 파이팅을 외치지만 앞뒤 간격은 점점 벌어졌다. 아마 몇몇은 물집도 잡혀 많이 고통스러울 것이다. 그래도 한 친구도 포기하지 않고 걷는다. 아침이 되고 수서역에 도착하니 또 다른 친구들이 과일, 커피를

가지고 기다린다. 친구들 만세다~

  이후 수서역에서 대모산-구룡산을 거쳐 양재천의 뒤풀이 식당까지 마지막 10km는 밤을 새워 걸었다고는 믿기지 않을 만큼 빠른 속도로 걸었다. 몸은 피곤하지만 긴 평지를 걷고 난 뒤 산길은 근육을 풀어 주는 효과도 있고 얼른 마치고 싶다는 생각이 앞서 뒤도 안 돌아보고 걸었다. 약 73km, 23시간에 걸친 실전보다 더 실전 같은 훈련을 마쳤다. 정말 대단한 친구들이다.

9.
2018 옥스팜트레일워커 100km (전남 구례) 대회

누가 그랬다. 잡아둔 날은 빨리 온다고~~

지난 3월 초 대회 참가 소식을 여기저기 알리고 많은 응원과 기부 후원을 받고 용기백배(?) 부담백배(?)를 느껴 밤샘 훈련 두 번을 포함 여섯 번에 걸쳐 200km 이상의 걷기·산행 훈련 및 현지 코스 답사까지 마쳤다.

2018.5.11.(금)

저녁 7시 3개 팀 14명의 친구들(두 명의 우정 참가자 포함)과 현지에서 서포터해 줄 친구까지 17명이 대회 장소인 구례 자연드림파크에 도착했다. 신분증 확인 및 패키지 수령, 필수장비 체크, 심폐소생술 교육, 참가자 인증팔찌 착용, 대회 설명회까지 마치니 밤 9시가 훌쩍 넘는다. 늦은 저녁을 먹으며 서로 파이팅을 외치고 잠자리에 누웠지만 모두 쉽게 잠을 못 이루고 몸을 뒤척인다. 대회를 위한 훈련을 나름 한다고 했지만 난이도도 있고 특히 내일 하루 종일 비

교적 많은 비가 예보되어 더욱 신경이 쓰였다. 에잇! 내일 걱정은 내일 하기로 하자~

이튿날 새벽 4시에 기상하여 서포터즈 친구들이 정성스럽게 준비해 온 곰탕과 밥으로 속을 든든하게 채우고 5시 반경 대회 장소로 이동하여 체조로 몸을 풀고 나는 친구들을 불러 모았다.

"그동안 훈련을 많이 했으니 지리산 좋은 경치 즐기며 맘 편하게 하자. 개인이 아닌 팀원이 함께 완주해야 되는 대회고 우리가 세 팀이지만 많은 고대84 친구들 응원을 받는 원팀이니 사고 없이 안전하게 결승선을 함께 통과하자."

"그래 모두 사고 없이 안전하게."
"고대 84 행복한 동행 파이팅!!!"

하늘은 잔뜩 찌푸렸으나 출발선에 서니 심장이 쿵쾅거린다. 드디어 12개국 120팀 480여명의 참가자들이 카운트다운과 함께 오전 6시에 일제히 환호성을 지르며 힘차게 출발했다.

100km 코스에는 총 9개의 체크포인트(CP)가 있었다. 출발 후 CP1인 구례 산수유 자연휴양림에 이르는 13km까지는 다행히 비도 오지 않고 지리산 자락의 신선한 아침 공기를 느끼고 풍경을 감상하면서 신나게 걸었다. 이미 참가자들은 각 팀의 페이스에 맞게

앞뒤로 거리가 많이 벌어졌다. 우리도 남자 동기로 구성된 1개 팀은 조금씩 달리며 시야에서 멀어져 갔다.

CP1에 도착하니 마침내 비가 흩뿌리기 시작한다. 스프와 식빵으로 간단히 시장기를 달래고 다시 걷기 시작하여 CP2 노고단 대피소로 오르는 본격 산행이 시작되었다. 3km 급경사 오르막을 올라 지리산 서북능선 고리봉에서 노고단대피소에 이르렀을 때 이미 등산화에 물이 들어오기 시작했다. 거센 빗줄기는 사정없이 얼굴을 때리고, 노고단 정상(1,507m)에 서니 강풍어 몸이 휘청거리고 추위를 느낄 정도였다. 어렵게 인증사진을 찍고 내려오는데 다른 팀 친구들을 만나니 그렇게 반가울 수가 없다.

조금 뒤 "창우야~~" 뒤에서 귀에 익은 여자동기 L의 비명 소리가 들렸다. 돌아보니 평소 철녀라는 별명이 붙을 정도로 산행, 걷기에서 빠른 속도를 자랑하던 그녀가 입술이 파란 채로 힘겹게 오는 모습이 보였다.

"왜 그래? 어디가 안 좋아?"
"조금 춥고 순간 당이 확 떨어지는 느낌이 드네. 조금만 쉬었다 가자."

급하게 파워젤과 따뜻한 커피로 몸을 조금 녹이며 선 채로 비를 맞으며 쉬었다. 다행히 K는 금방 안색이 돌아오며 괜찮다는 의사

표시를 했다. 비옷을 입었지만 거센 비를 맞고 더구나 해발 1500m 이상 고지대라 5월 중순인데도 한기를 느껴 순간적으로 힘이 들었나 보다. 아직 갈 길이 먼데 긴장을 하게 된다.

등산화에 물이 들어와 질척거리고 발바닥도 물에 불어 발을 디디는 것도 불편하였다. 이 상태로 급경사 너덜길로 악명 높은 코재를 거쳐 화엄사 입구 CP3 주차장까지 약10km를 내려가야 했다. 돌길이 미끄럽고 축축해 잠시도 긴장을 늦출 수가 없었다. 천년 고찰 화엄사 입구에서 대회 주최 측이 보내온 문자를 확인한다. 참가자들의 안전을 고려하여 자정 무렵 통과가 예상되던 CP6~CP7의 사성암 구간 산길 8km를 계속되는 악천후로 생략한다는 내용이었다. 그 구간은 답사 때도 일부 좁은 암릉 구간이 있어 야간에 통과하려면 조심해야겠다그 생각했던 터라 주최 측의 결정이 다행이라고 생각되었다. 무엇보다 안전이 최우선이다.

CP3인 지리산 남부탐방소에 이르렀을 때 우리 모두는 물에 빠진 생쥐 꼴이 되었다. 미리 휴식 겸 이른 저녁 식사를 위해 예약해 둔 식당에서 마른 옷으로 갈아입고, 양말과 신발도 바꿔 신는 등 재정비를 했다. 서포터즈 친구들이 빗속을 뛰어 다니며 우리의 필요한 짐을 찾아주고 간식을 챙겨 주었다. 이곳에서 앞서 가서 먼저 도착하여 기다리던 친구들을 만나 10여 시간 만에 다시 뭉친 기념으로 기념사진도 찍고 이제부터는 함께 걷기로 하고 CP4인 운조루로 향했다. 배도 부르고 옷도 갈아입고 비가 잠시 개면서 친구들의 사기도 다시 올랐지만 그리 오래 가지 않았다.

　전체 거리 절반 지점인 운조루에 이르렀을 때 이미 날은 어두워졌고 다시 비는 세차게 내려 모두 흠뻑 젖었다. 이때 반가운 얼굴들이 나타났다. 오전에 다른 동기행사를 마치고 격려차 고대84 동기회장과 밤새 응원해 주기 위한 친구들이 먹을 간식을 들고 온 것이다. 비에 젖어 몸은 춥고 시장기도 느꼈지만 친구들의 우정에 감동받고 따듯한 컵라면으로 시장기를 달래고 힘을 내어 다시 길을 재촉한다.

　밤이 깊어 갈수록 몸은 점점 힘들어지기 시작한다. 섬진강 강둑 따라 끝이 없을 것 같은 길을 걷는데 빗줄기는 가늘어질 줄 모르고 이 와중에 졸음과도 싸워야 했다. 나도 그렇지만 친구들도 말없이 걷기만 하는 걸 보니 많이 지쳐 보였다. 이따금씩 갈라진 목소리로 파이팅을 외치는 친구에 화답해 함께 파이팅을 외치지만 그 목소리 울림보다는 말없이 터벅터벅 걷는 발걸음 소리가 더 크고 길게 들렸다.

　CP6 사성암 아래 건조장에서 야참도 먹고 발도 마사지를 하며 휴식을 취하고 자정이 훨씬 넘은 시간 출발을 앞두고 인원 확인을 하는데 다른 팀 친구 S가 보이지 않았다. 너무 피곤해서 어디서 앉아 졸고 있을까 해서 여기저기 찾아봐도 보이질 않고 전화를 해도 안 받았다. 걱정이 되었지만 서포터즈 친구들이 찾아보기로 하고 우리는 출발을 했다. 한참 뒤 서포터즈 친구에게 연락이 왔다. S는 본인 몸이 힘들어 뒤처질까 봐 먼저 출발을 했다는 것이다. 순간 화가 났다. 그렇더라도 미리 귀띔은 해 줬어야 서로 상황을 알 수 있고 또 한밤중에 찾아다니는 수고는 안 했을 것 아닌가 하는 생각이 들었다. 악천후 날씨 속에 새벽부터 거의 20시간 이상을 걷다 보니 몸도 마음도 지쳐 다소 신경이 날카로워졌다.

CP8에서 CP9에 이르는 구간은 인내심의 한계를 시험하는 듯 4km 가까이 구불구불 오르막 임도가 이어졌다. 답사 때도 이 구간이 몸도 가장 지치고 졸음도 쏟아질 시간인데 오르막까지 이어져 제일 큰 고비가 될 것으로 생각했다.

우리는 모두 아무 말 없이 언덕 정상 식수 공급지점까지 숨을 거칠게 몰아쉬면서 걸었다. 중간에 숨이 턱까지 차올랐지만 쉬면 더 힘들 것 같아 발걸음을 멈추지 않고 올랐다. 마침내 언덕 정상에 올랐을 때는 헤드랜턴에 비치는 친구들의 얼굴에서 김이 모락모락 나는 가운데 가장 힘든 순간을 넘긴 성취감을 엿볼 수 있었다.

푸르스름한 새벽 안개 사이로 여명이 보인다. 드디어 비가 잦아들면서 지리산 일대의 연초록이 점차 선명해졌다. 이제 최종 목적지까지 남은 거리는 6km 남짓 남았다. 우리는 Finish 라인에서 어떤 포즈를 취하며 들어갈까라는 행복한 고민을 하면서 마지막 힘을 내서 굽이굽이 이어진 임도로 힘찬 발걸음을 재촉했다.

저 멀리 구례자연드림파크가 보인다. 밤새 우리를 따라 다니며 서포터즈 해 준 친구들이 두 손을 흔들며 환한 얼굴로 맞이한다. 각자가 본인이 걸은 듯 꼬박 26시간을 걷고 들어오는 친구들을 환영해 준다. 울컥하는 마음이 들었다. 애써 감정을 누그러뜨리며 친구들과 눈을 맞추고 우리는 손을 붙잡고 두 팔을 번쩍 들어 올리면서 Finish 라인을 통과했다. 출발한 지 26시간 27분여 만이었다. 뒤이어 먼저 출발했던 S도 기다렸다가 본인 팀원들과 함께 골인하면서 고대84 행복한동행 3개 팀 모두가 들어왔다. 14명 모두가 무사히 완주했다. 팀 평균 연령이 54세로 전체 참가팀 중에서도 나이가 많은 편인데도 불구하고 참가팀의 60% 정도인 73팀이 완주했는데 우리 친구들 3개 팀이 17~19번째로 전원 완주한 사실에 주최 측에서도 놀라워했다.

10.
인생 후반전
삶의 지혜를 배우다

　옥스팜트레일워커 대회는 자신의 한계에 도전하고 세상을 변화시키는 값진 여정이었다. 나의 발걸음이 누군가에게 도움을 줄 수 있다는 사실이 마음을 움직였다. 100km를 4명이 한 팀이 되어 38시간 안에 완주하는 도전 형식의 기부 프로젝트로 물과 생계를 위해 매일 수십 킬로미터를 걸어야 하는 사람들의 고통을 함께하고, 팀이 기부금을 모아 가난을 극복하고, 세상을 변화시키는 일에 동참하는 뜻이 담겨 있다. 우리의 발걸음이 가난한 지구촌 이웃들에게 희망이 되어 준다는 사실이 우리를 인내하게 해 주었다.

　무엇보다 친구들의 따뜻한 응원과 사랑이 우리들을 걷게 하는 힘이었다.
　대회를 마치고 친구들은 저마다 감격에 겨워 소감을 밝혔다. 여자 동기 중 K는 아놀드 토인비의 "인생은 소유하는 것이나, 받는 것이 아니라, 사람이 되는 것이다. 더 좋은 사람이 되어 가는 것이다."라는 말을 인용하며 "옥스팜트레일워커 대회는 앞으로 사는 동안 괜찮은 사람이 되어야겠다고 생각하게 해 준 대회"라고 했다.

빗속 노고단을 오르며 힘들었던 다른 여자동기 L은 박용재 시인의 시 〈사람은 사랑한 만큼 산다〉의 '사람은 그 무언가를 사랑한 부피와 넓이와 깊이만큼 산다. 그만큼이 인성이다.'라고 노래한 말을 인용하며 "서로를 의지하고 격려하면서 고통을 이겨 내고 밤새 빗속을 걸었던 경험이 우리 인생을 풍요롭게 해 주는 자양분이 되리라 믿는다."라는 말로 감동을 표현했다.

옥스팜트레일워커대회 홈페이지를 보면 이런 말이 있다. "걷다 보면 오르막도 있고 내리막도 있고, 좋은 풍경도 있고 어려운 순간도 있습니다. 그 모든 순간을 팀원들과 팀의 완주를 응원하며 기부해 준 서포터즈들을 생각하며 함께 하는 것입니다."
정확한 표현이다. 대회에 직접 참가해서 100km를 걸은 사람뿐 아니라 대회 취지에 공감해 주고 기부에 참여해 주고, 현장에서 지원해 준 서포터즈 친구들의 도움으로 전남 구례 대회뿐만 아니라 강원 홍천·인제 대회, 강원 인제 대회까지 무사히 완주할 수 있었다. 이들과 함께 인생 후반전 새로운 2막을 걷고 있는 나는 누구보다 행복하다.

당신의 성장이
나를 성장하게
합니다

[프로필]

이 승 은

케이블 TV 교육채널에서 제작PD로 재직하였다. 육아로 경력 단절 기간을 거친 후, 재취업하여 현재는 미국의 '버크만 심리진단'을 보급하는 '버크만스토리센터'의 센터장을 역임하고 있다. 개인의 성격특성과 직업 역량을 분석하는 버크만 전문 해석상담사로서 자기 자신과 타인을 이해하고 싶어 하는 고객들을 대상으로 1000건 이상의 상담을 진행해 왔다.

자신과 상대방을 더 잘 알고자 하는 커플, 진로 고민 중인 학생 및 취준생, 관계 갈등 및 스트레스에 시달리는 재직자와 퇴직 후의 새로운 삶을 모색하는 퇴직자 등 센터를 찾는 이들이 자신만의 행복한 삶을 영위하도록 돕는 일을 제2의 인생 여행의 목표로 삼고 있다.

버크만 스토리센터 www.cafebirkman.co.kr

[들어가는 말]

무슨 일을 하며 살까?
이 사람이 내 평생의 동반자일까?
열심히 사는데도 왜 이렇게 힘들까?
남들은 왜 나를 몰라줄까?
가족, 동료들과 좋은 관계를 유지하려면 어떻게 해야 할까?
남은 인생은 어떻게 살아야 할까?

이런 질문은 모든 사람이 평생 가지고 가는 화두인 듯하다.
 진로와 결혼 등 인생의 중요한 결정을 내리는 20, 30대,
 가정과 직장에서 가장 바쁜 40대,
 평생 한 직장 혹은 한 분야에서 일해 온 50대,
그리고 가정과 육아에 헌신한 후 이제 아이들이 커서 빈둥지증후군을 겪고 있는 주부 자신의 인생을 찾아가는 길이 쉽지 않은 것은, 누구에게도 예외가 없다.

나도 대부분의 사람들처럼 평생 나답게 사는 길이 무엇인지 찾기보다는, 가정과 사회에서 주어진 기대대로 살아온 것 같다. 전공을 정할 때도, 직업을 가질 때도, 결혼을 할 때도, 일을 접고 육아에 전

념할 때도, 내가 원하는 것보다는 그냥 주어지는 상황하에서 최선을 다해서 살려고 했던 것이다.

만약 일찍 '나'라는 사람에 대해 잘 알았다면, 시행착오 없는 인생을 살았을 것 같기도 하다. 하지만 돌이켜 보면, 내가 원하는 것이 무엇인지도 모른 채로 살다가 비로소 원하는 길을 찾아 나가는 과정에서 버릴 것은 하나도 없었고, 그 모든 것이 합쳐져서 지금의 모습을 있게 하였다는 결론에 이르게 된다.

현재는 개인의 성격, 진로, 대인관계, 스트레스를 파악하는 심리진단센터인 버크만 스토리센터를 운영하고 있는데, 자기 자신과 자신에게 소중한 사람들, 그리고 일터에서 매일 마주치는 사람들을 이해하려는 많은 고객들을 만나고 있다.

다양한 상담 사례를 통해, 복잡하고 오묘한 인간을 이해하는 과정은 무척이나 재미있다. 특히 상담 후 비로소 자신을 잘 알게 되었고, 문제의 원인을 알았다며 표정이 밝아지는 고객들을 보는 것은 다른 무엇과도 바꿀 수 없는 만족감을 준다.

이렇듯 인생의 두 번째 여행길은, 자신이 하고 싶은 재미있는 일과 자신에게 의미 있게 다가오는 일이 합쳐지는 길이어야 한다고 믿는다. 두 번째 여행의 길목에서 비슷한 고민을 하며 새로운 길을 찾아 나서는 이들에게, 나의 이런 생각을 공유하고 같이 나눌 수 있다면 좋겠다.

다시 인생의 길모퉁이에서

1.
사람은 원래
여러 모습을 가지고 있다

돌이켜 보면 한 개인의 다양한 성격특성, 때에 따라 다르게 표출되는 성격에 대한 관심은 성장기의 나와 쭉 함께했던 것 같다. 남한테는 한없이 친절하고 너그러운 어른이 가까운 사람에게는 함부로 대한다든가, 나랑 가장 친한 줄 알았던 친구가 어느 순간 나를 모른 척하고 다른 친구와 더 가까운 모습을 보인다든가 하는 경험은 누구나 다 해 보았을 것이다. 그런 상황을 보면서 당혹했던 경험은 나도 예외는 아니었다.

청소년기에는 소설과 영화 속의 주인공이 성장하면서 자신에 대한 정체성 문제로 고민하는 모습이 내 삶에 그대로 투영되면서 '나는 어떤 사람인가?'라는 의문을 가졌다.

중학 시절에 읽은 독일 작가인 헤르만헤세의 《지와 사랑》에서는 이성을 대표하는 나르시스와 감성을 대표하는 골드문트, 정반대 성향인 두 주인공이 나오는데, 이들은 결국은 하나의 통합된 인간상이라는 결말로 마무리된다.

고등학교 시절에 읽은 프랑스 소설, 스탕달의 《적과 흑》에서는 순수성을 간직하고 있는 쥘리엥 소렐이라는 청년이 자신의 불우한 처지를 극복하고 상류사회로 나가기 위해 귀족 부인을 이용하는 악의 화신 같은 모습을 보인다. 청소년기의 독서목록 중 이 작품들이 유난히 뇌리에 남아있는데, 등장인물의 양면적인 면이 이해가 잘 안 가서 고민하던 기억 때문인 듯하다. 이렇듯 인간의 다양성 문제는 청년기의 나의 주된 관심사였던 것 같다.

심리학자인 융에 따르면, 우리는 건설적이고 파괴적인 힘을 모두 가지고 있고, 통합에 도달하기 위해서는 우리의 어두운 측면, 이기심이나 욕심 같은 원초적인 충동도 받아들이는 것이 필수적이라 한다. 이러한 어두운 면들도 우리 본질의 일부로 인정한다는 말이고 사람의 그런 심리를 알았더라면, 청년기에 가졌던 의문도 쉽게 풀어나갈 수 있었을 것이다. 하지만 이러한 의문의 과정을 거친 것이 심리학에 대한 관심을 갖게 하였고, 지금의 일을 하게 된 동력이 된 듯하다.

"저는 이중적인 사람이군요!"
자신의 성격특성에 대한 결과 해석을 듣고 이렇게 말하는 경우가 있다.
"이중적이라기보다는 다중적이지요."

나는 그렇게 정정해 준다.

실제로 사람은 상황에 따라 다양한 모습을 보여 주는 경우가 많다.
그러므로 '내가 보는 나'와 '남이 보는 나'가 다를 수 있으며, '친한 사람들과 있을 때의 나'와 '불특정 다수의 사람들과 있을 때의 나'의 모습이 다르게 나타날 수 있는 것이다.
예를 들어 평소에 학교나 직장에서는 사교적인 모습을 보이지만, 가능하다면 혼자 있거나 혹은 자신과 비슷한 소수의 사람들과 어울리고 싶어 하는 사람도 많다.
또 평소에는 체계적으로 일하는 모습이지만, 실제로는 대략적인 계획만 세우고 여유를 누리고 싶어 한다거나, 혹은 늘 빠른 실행력을 보이지만, 실제로는 천천히 생각해서 결정하고 행동하고 싶어 하는 경우도 많다.
친한 사람들과 있을 때는 활발하지만, 잘 모르는 사람들 사이에서는 낯을 가리는 조용한 사람은 어디에나 있기 마련이다. 또 평소에는 차분한 모습이지만, 일할 때는 불도저같이 밀어붙이는 워커홀릭도 심심치 않게 볼 수 있다.

"어떤 사람인지 알 수가 없어요!"

가끔 상대방에 대해서 이런 말을 하는 고객도 있다.
이렇게 상황에 따라 다르게 보이는, 다양한 성격특성을 가지고 있는 사람은 다른 사람들을 더 잘 이해할 수 있는 장점이 있다.

자신에게 다른 성향이 조금씩 다 녹아있기 때문에 인간에 대한 이해의 폭이 넓을 수 있는 것이다. 그에 비해 비교적 일관적인 특성을 가지고 있는 사람의 경우는, 남이 보기에도 늘 일관된 태도로 신뢰성을 줄 수 있겠다. 우리 모두는 자신만의 개성과 강점으로 이루어진 자신만의 성격특성을 가지고 있다. 모든 사람이 다 비슷하다면 세상은 얼마나 지루하겠는가.

이렇듯 사람이 원래 여러 모습을 가지고 있다는 사실을 청소년기에 알았더라면, 소설이나 영화 속의 주인공들의 일관되지 않은 행동을 이해할 수 없었거나 상황에 따라 마음이 오락가락하는 나와 주변 친구들에 대한 고민도 적었을 것 같다.

흔히 자신을 한가지 모습으로 규정화하고 답을 찾으려는 오류를 범한다. 사람은 그렇게 단순하지 않으며, 상황에 따라 다른 모습을 보이기도 한다, 그 이유는, 원하는 욕구가 충족되었을 때와 충족되지 않았을 때의 행동의 차이 때문이다.

2.
흥미와 적성은
같을 수도, 다를 수도 있다

내가 어떤 사람인지, 무엇에 흥미가 있는지도 잘 모르는 채로 대학 진학을 하고 졸업을 앞두고도 무엇을 하고 싶은지 몰라서 진로 목표를 못 정하고 방황하던 시기가 있었다.

흥미와 적성검사가 보편화된 시대도 아니어서, 진로상담을 받을 기회도 없었다. 불문학을 전공하고 대학원 전공은 전망이 좋다는 이유로 언어학을 택하였지만, 막상 공부해 보니 전공에 관심이 가지 않아서 학문의 길을 포기하는 시행착오도 겪었다.

그러다가 미국 체류 중 우연히 새로운 뉴미디어의 세계를 접하게 되었다.

공중파 방송만 있었던 우리나라에도 케이블 TV가 도입된다는 것을 알고 새롭게 열리는 분야로 취업을 꿈꾸게 되었고, 귀국 후 PD로 취업하게 되었다.

그리고 방송 제작 업무를 하면서 나의 적성을 비로소 알게 되었다.

"내가 이 일을 하려고 어릴 때 그렇게 놀았었구나!"

프로그램을 기획, 구성하고 대본을 작성하고 출연자들의 잠재력을 보고 캐스팅하고 배경음악을 선곡하고 무대미술세트를 디자인해 보고 카메라 앵글에 대해 고민해 보고…
이 모든 것이 다 내가 어릴 때 했던 놀이였다.

어릴 때 나의 주된 놀이는, 동생과 동네 꼬마들을 모아서 노래와 춤을 가르치고 공연을 하게 하는 것이었다. 중학생 때는 교과서의 연극을 녹음해 오라는 숙제를 받고 집으로 친구들을 불러 모아서 피아노로 배경음을 넣어 가며 친구들의 연기를 녹음하는 연출자 역할을 했었다.
그리고 친구들과 놀러 갈 때는 사진을 찍어 주는 사진사 역할을 담당했었다.
그 시절에 직업에 대한 정보가 좀 더 풍부하고 조언을 해주는 사람이 있었다면, 그렇게 돌아가지 않고 원하는 직업에 더 빨리 안착했을 수 있을 것 같다.

"하고 싶은 일이 무엇인지 모르겠어요…."
"일이 잘 안 맞는 것 같아요."

진로상담을 하러 오는 고객을 보면 흥미와 적성이 다른 결과지를 받아 들고 당황해하는 경우가 있다. '흥미'는 자신이 좋아하는 일, 선호하는 활동이다. 그런데 흥미가 있다고 해서 꼭 그것을 잘하는 것은 아니다. 반면 '적성'은 자신의 역량을 가장 잘 발휘하는 업무 환경이므로 잘하는 일, 즉 업무 적합성을 말한다.

그런데 흥미와 적성이 일치하는 경우가 많지만, 간혹 다르게 나타나는 경우도 있다.

사람에 대한 흥미는 없지만, 사람을 설득하는 업무는 잘할 수도 있고, 예술 전반에 흥미를 가졌지만, 꼼꼼하고 체계적인 일을 잘하는 사람도 있을 수 있다.

"치료는 잘 할 수 있는데, 환자 돌보는 건 정말 안 맞는 것 같아요."

상담차 방문한 간호사들이 자주 토로하는 어려움이다. 의학적인 처치와 환자 케어라는 두 가지 상이한 흥미와 적성이 다 요구되는 간호사의 경우, 의학적인 처치에는 관심도 있고 잘하기도 하지만, 사람에 대한 관심이 적어서 환자를 돌보는 일이 본인에게 맞지 않다고 느끼는 경우를 자주 본다.

그렇다면 이렇게 흥미와 적성이 다르게 나타나는 경우에는 어떠한 선택을 하는 것이 좋을까? 금수저여서 집안의 지원을 받을 수 있다면 좋아하는 일만 하고 살 수 있겠지만, 그렇지 않다면 잘하는 일, 인정받는 일을 해서 경제적 자립을 빨리 이루고 그 동안에 자신이 원하던 일을 놓지 않고 꾸준히 연마하다가 제2의 직업으로 택할 수도 있겠다.

"직업이 잘 안 맞아서 이직하고 싶어요!"

사회초년생의 과반수는 이직을 생각하고 있지 않을까 싶을 정도로 이직 고민은 많은 편이다.
검사결과에서는 비교적 직무가 맞는 것으로 나오는데, 이직을 생각하는 경우도 있다. 그런데 이야기를 나누어 보면, 직무가 아니라 사람의 문제인 경우가 생각보다 많은 부분을 차지한다.

"상사와 일하는 방식이 잘 안 맞아서 회사에 나가기가 싫어요."

명확한 업무 지시를 원하는 직원이라면 알아서 하라는 위임형 상사의 지시가 스트레스가 될 수 있다. 반면 자율성이 중요한 직원의 경우, 디테일까지 세밀하게 지시하고 간섭하는 상사가 부담스러울 것이다.
또한 요즈음은 직장에 매이기보다는 프리랜서를 선호하는 사람도 많고, 젊은 나이에 은퇴를 꿈꾸는 파이어족도 늘고 있다.
예전과는 달리 살날이 오래인 백세시대이므로 진로를 선택하는 방법은 더 넓어졌다.

직업을 선택하는 방법은 하나가 아니며, 정답은 없다.

흥미와 적성, 대인관계 스타일, 현실성 미래 전망 등 여러 변수를 고려하여 각자가 더 가치를 두는 자신만의 방법대로 정하면 된다.

각자의 개성만큼이나 직업 선택의 길은 다양하다.

3.
사람은
다 다르다

'사람은 다 다르다'는 명제를 모르는 사람은 없을 것이다.

젊은 시절에 몇 년 정도 지구촌 여기저기서 살아 볼 기회가 있었는데, 가까이서 경험한 결과, 가장 타인의 고유한 특성을 인정하는 국민은 프랑스인들로 여겨진다.

뮤지컬로도 인기를 모은 빅토르 위고의 《레미제라블》을 보면 '자유, 평등, 박애'로 대변되는 프랑스 혁명의 정신이 그 시대 프랑스인들에게 얼마나 중요한지 볼 수 있는데, 이런 정신은 현재도 여전히 프랑스인들의 삶에 일상적으로 녹아있다. 그들은 자신과 다른 남의 생각과 행동에 대해 비판하지 않고 수용하는 경향이 강하다. 그렇다고 해서 모든 인간을 너그럽게 이해한다는 생각은 들지 않는다.

그들이 어깨를 으쓱하면서 일상에서 가장 흔히 하는 말 '주멍후'(Je m'en fous!)를, 우리말로 점잖게 옮기자면 '나는 개의치 않는다', '나는 상관하지 않는다'라는 뜻이 될 것인데, 좀 더 정확하게 옮기자면 '남이 그러든 말든 난 상관없다!'라는 뉘앙스를 풍긴다.

즉 우리나라에서 한때 유행했던 '톨레랑스'(Tolerance)의 '관용'의 의미보다는, 프랑스인 특유의 시니컬한, 상관없고 신경 안 쓴다는 의미를 풍기지만, 어쨌든 차이점을 인정한다는 의미에서는 같은 맥락일 것이다.

외국인과 우리나라 사람들과의 가장 큰 차이점은 바로 이런 점이 아닐까 싶다. 우리는 비교적 남에게 관심이 많아서 정이 많은 민족이라고 한다. 그런데 그 장점이 지나쳐서, 상대방에 대한 관심을 넘어서 자신의 상황과 비교를 하는 경향을 많이 보인다.

프랑스 사람들처럼 남이 잘나든 말든 나랑은 상관없는 일이 아니라, 정도의 차이는 있지만 남이 잘나면 자괴감에 빠지고 못나면 우월감을 갖는 경우가 많다고 느껴진다.

인생을 살면서 몇 번의 성공과 실패는 누구나 경험할 것이다.

나 역시 노력해도 안 되는 것도 있었고, 노력에 비해 더 인정받는 경우도 있었다.

나서기 싫어하는 성격이라 학교생활과 직장 생활에 있어서 리더의 역할은 하고 싶어 하지 않았지만 리더 자리가 주어지는 경우가 종종 있었고, 능력 이상으로 인정받는 경우도 있었다.

그런데 내가 무엇인가를 성취했다면 그 과정이 재미있어서 혹은 새로운 것을 접하고 배운다는 데 흥미가 있어서 나온 결과인데, 경쟁의 관점에서 보는 사람은 늘 있기 마련이었다. 모두 나의 의사와는 무관하게 진행된 것이지만, '경쟁'이라는 자신의 기준으로 생각해서 질투하고 경계하는 사람도 있었고, 더 나아가 무엇인가 방법을 썼을 것이라고 오해하는 사람마저 보았다.

나는 스트레스를 많이 받을 수 있는 다소 예민한 성격이지만, 내가 이제까지 비교적 공부와 일을 재미있게 해 올 수 있었던 것은, 다행히 남과의 비교를 비교적 안 하는 성격특성 덕분이었던 것 같다. 비교를 안 하다 보니 남에게 좀 무심한 편이며, 경쟁에도 그다지 관심이 없고, 그래서 스트레스를 덜 받아온 것이 아닐까 싶다.

그래서 그 점에서만큼은 스트레스를 받지 않는 프랑스 스타일인 것이 참 다행이라는 생각이다.
그렇지 않다면 지금껏 재미있는 일을 찾고 벌이는 일을 계속 하지 못했을 것이다.

사람들은 남들도 자신과 같이 생각하고 행동할 것이라고 착각한다.

"이해할 수가 없어요, 어떻게 그럴 수가 있어요?"

계속되는 갈등 때문에 센터를 찾는 커플의 하소연 중에 자주 나오는 말이다. 성향이 비슷한 커플도 있지만, 반대되는 성향을 가진 커플의 경우, 상대방을 이해하기가 쉽지 않다.

"내 마음을 전혀 알아주지 않아요. 내게 대한 애정이 없는 것 같아요."

위로가 필요한 감성적인 여자 친구에게는, 논리적인 남자 친구가 대하는 태도가 무덤덤하고 건조하게 느껴질 수도 있다.

"난 할 만큼 했어. 이제 너의 문제니까 알아서 해!"

싸웠을 때 화나면 바로 풀어야 하는 남성의 입장에서는 아무리 풀어 주려고 노력해도 말도 안 하고 꽁하고 잠수타는 여자 친구 때문에 불만인 경우도 있다.

논리적인 남성의 시각으로 보면 감성적인 여자 친구는 너무 섬세해서 피곤한 존재일 수 있고, 여성의 시각에서는 자기 마음을 몰라주는 남자 친구를 이해할 수 없고 원망스러울 수 있다.

하지만, 자신의 시각이 아닌 상대방의 시각에서 보면 논리적이고 합리적인 남자 친구는 신뢰할 수 있는 존재이며, 관계에서 신뢰가 얼마나 중요한 요소인지를 생각하면 큰 장점으로 생각할 수 있다. 또한 섬세하지만 늘 배려심 많고 사려 깊은 여자 친구는, 무뚝뚝하고 자신만 아는 여성보다는 더 매력적으로 느껴질 수도 있겠다. 같은 사람이지만 내가 어떠한 필터를 가지고 상대방을 보느냐에 따라 이렇듯 다르게 보일 수 있는 것이다.

학교나 직장에서 보면 흔히 말하는 '인싸'가 있다. 모든 사람들과 잘 어울리고 인기 있는 사람이다.

반면 자신과 비슷한 소수의 사람들과 어울리는 것을 선호하는 사람들도 있다.

초등학교 시절 종만 울리면 운동장으로 뛰어나가는 아이들이 있는가 하면 교실에서 조용히 책을 보거나 조용하게 몇몇이서만 어울리는 아이들도 있다.

직장에서도 점심시간에 우루루 몰려나가서 점심을 같이 먹고, 차도 마시고 수다를 떨며 같이 시간을 보내고 싶어 하는 사람이 있는가 하면, 점심시간만큼은 혼자 조용히 보내고 싶어 하는 사람도 있다.

누군가 점심시간에 혼밥을 하는 것은, 왕따이거나 성격이 별나서가 아니라, 소모된 밧데리를 충전하고 새로운 에너지를 얻기 위함일 수도 있다.

반면에 혼자 있는 것을 힘들어하는 사람들도 있다. 이들은 사람들과 같이 있으며 소통을 하면 힘이 나고 에너지가 충전된다.

센터를 찾는 고객은 결혼을 생각할 시기의 젊은 커플들이 가장 많다.

가볍게 이색 데이트 삼아 오는 커플들도 있지만, 되풀이되는 갈등 상황을 가지고 방문하는 커플, 결혼을 염두에 두고 관계를 확인하고 싶은 커플, 결혼 후 예기치 않은 문제에 부딪힌 신혼부부도 많다.

예비부부의 경우, 좋으니까 만남을 유지하고 결혼까지 염두에 두게 되는데, 한편으로는 불안한 마음도 싹튼다. 만나고 있는 사람이 과연 평생을 같이할 만한 사람일까, 잘 맞는 관계라는 건 어떤 것일까 하는 의문이 꼬리에 꼬리를 문다.

"그래서 우리는 잘 맞는 건가요?"

결과 해석 상담이 끝나면 이렇게 묻는 고객이 있다.
답이 없다는 것은 알겠지만, 확인하고 싶은 그 마음이 이해된다.
정반대 성향이어서 끌렸으나, 상대방의 이해할 수 없는 언행으로 갈등이 생기는 커플도 있다.
반대로 서로가 너무 비슷해서 이해할 수는 있지만, 자신의 욕구를 먼저 알아주기를 바라는 마음에서 갈등을 빚는 커플도 있다. 싸우면 계속 따지는 서로의 성향 때문에 끝이 없는 논쟁으로 이어져서 지치는 커플이 있는가 하면, 서로 말을 안 하는 상태로 몇 달이고 지속되며 관계가 더 악화되는 커플도 있다.

"그럼 제가 여자 친구가 원하는 것을 맞춰 줘야 하는 거네요?"

여자 친구의 강한 욕구를 못 맞춰 주는 것으로 결과가 나오자, 자책감을 느낀 남성의 질문이었다.

깊은 공감을 원하는 여성이었다. 감정표현도 잘 하는 편이고 상대방도 자신의 감정을 잘 표현해 주기를 바라는 욕구가 아주 높았다. 그런데 검사 결과 남자 친구의 공감지수는 안타깝게도 매우 낮은 편이었다.
보통 그럴 경우, 여성은 그것 보라며 남자 친구의 낮은 공감지수를 질타하고, 남성은 죄책감을 느끼는 경우도 많다.

그렇지만 특별히 공감에 대한 욕구가 높은 여자 친구를 위해 논리적인 남성이 원하는 만큼의 감정표현을 자연스럽게 할 수 있을까? 본인의 특성과 다른 행동을 계속 해야 한다면 그 또한 스트레스의 요인이 될 것이다.

커플마다 특성은 다 다르지만, 좋은 관계를 유지하는 커플이 관계를 맺는 방식은 동일하다. 상대방의 겉으로 보이는 행동뿐만 아니라, 속마음인 타인에게 바라는 '욕구'까지도 파악하고 이해해 보려고 하는 것이다. 그리고 어느 정도 서로 양보하고 배려하며 중간지점에서 만나는 것이다. 기성세대는 바뀌기 어렵고, 조직은 개인에게 맞출 수 없지만, 젊은 커플, 신혼부부는 열린 마음으로 있는 그대로 상대방을 받아들일 수 있으므로, 노력하면 행복한 관계를 유지할 수 있다.

자신과 다르게 생각하고 행동하면 이상한 사람이라고 생각하기 때문에, 연인, 가족, 동료 간의 관계 갈등이 생기는 것이다.

상대방의 욕구를 제대로 알고 나면 비로소 이해가 안 되던 상대방의 말과 행동이 이해가 된다.

그 욕구를 서로 어느 정도 접점에서 맞추는 노력을 하는 것이 행복한 커플이 되는 지름길이다.

4.
행동과 욕구와의 거리만큼 힘들다

대학원 졸업 후 어렵게 천직을 찾았지만, 육아로 인해 그 시대의 대부분의 여성들처럼 나도 경력 단절이 되었다. 살림도 종합예술인 만큼 재미를 찾을 부분도 있었고, 특히 아이들을 키우는 일은 무엇과도 바꿀 수 없는 보람 있는 일이었지만, 그럼에도 체력적으로 지쳐 갔고, 무기력감을 많이 느끼던 시절이었다.

내가 힘드니까 자연스럽게 사춘기인 아이도 힘들어졌고, 같이 심리검사와 상담을 받으러 다니기도 하였는데, 그런 과정이 사람의 심리에 관심을 갖게 된 배경이 된 것 같다.

그렇게 주부로서 일상에 충실하던 어느 날 거실 소파에 잠시 앉아 쉬면서 한강을 바라보고 있었는데, 갑자기 돋이 늪 바닥으로 강하게 빨려 들어가는 느낌을 받았다. 바로 그 순간이 나의 무기력감이 바닥을 치고 올라오는 시점이었던 것 같다.

그때 무엇이라도 해야 한다는 생각으로 시작한 것이 컴퓨터 교육을 받는 것이었고, 한걸음을 내딛으니 그다음부터는 갈 길이 보였다.

심리진단센터가 우울증을 진단하는 정신병원이나 심리상담소는 아니므로, 심한 우울증을 겪는 고객의 경우에는 대부분 전문가를 찾아가라고 안내한다.
　그렇지만, 심리진단을 통해서도 그 우울감의 원인이 어디서 나오는지를 가늠할 수 있다.

　우리는 모두 사회적인 동물로서 살고 있다. 학교에서, 군대에서, 직장에서 사회적으로 바람직한 행동에 대해 교육을 받으며 점차 사회화된다. 그러면서, 원래의 자신과는 다른 모습으로 행동하기도 하는데, 스트레스는 바로 이 지점에서 발생한다. 학교나 직장 등 사회적인 환경에서 자신이 평소에 남에게 보이는 행동과, 실제로 남이 내게 해 주었으면 하는 속마음이 다르다면 스트레스의 요인이 되는 것이다.

　예를 들어 자유 의지가 높은데도 불구하고, 사회에서 요구하는 대로 관습적인 사회적 행동을 보이는 경우, 집안이 보수적이고 부모가 권위적인 경우가 종종 있다. 또한 생각이 많아서 모든 경우의 수를 다 검토하고 신중하게 의사결정을 하고 싶어 함에도 불구하고, 일 처리를 빨리빨리 해 버리는 경우에는, 성과 위주의 조직이어서 시간에 쫓기는 경우가 많았다. 또한 자율성이 중요한 사람에게 지시적이고 권위적인 상사는 스트레스의 요인이 될 수 있으며, 반대로 체계와 명확함이 중요한 사람에게, 알아서 하라는 위임형의 상사는 스트레스 요인이 될 수도 있는 것이다.

현대인은 많은 스트레스를 안고 산다. 그 원인을 알고 적절하게 조절하지 못하면 병으로 나오게 되는데 그럼 적절하게 조절한다는 것은 무엇일까?

본인이 좋아하는 활동, 하면 에너지가 생기는 취미 활동을 하면서 스트레스를 일시 정지하는 방법도 있겠다. 하지만 관계 때문에 생기는 스트레스는 상대방에게 솔직하게 말하는 것이 근원적인 해소방법이다.

"저한테 일을 시키실 때는 충분한 시간을 주세요."
"말씀하실 때 좀 부드럽게 해 주시면 좋겠어요."

이런 말을 하는 것은, 스트레스를 참는 것보다 더 어려운 일이 될 수도 있다.

하지만 상대방은 내가 직접 말해주지 않으면, 나의 속마음을 알 수가 없다. 나의 행동과 속마음이 일치하지 않는 경우가 많기 때문이다.

단 더 큰 갈등 상황이 생기지 않게 하려면 말하는 방법은 세련되고 부드러워야 할 것이다. 그렇게 하기 어렵기 때문에 대부분은 폭발하기 전까지 참았다가 한순간에 터지고 만다.

사람의 행동을 보고 그 사람을 파악할 수는 없다. 상황에 따라 다르게 행동하는 경우도 많기 때문인데, 숨은 속마음인 욕구가 행동의 동기요인이라고 할 수 있다.

우리가 원하는 속마음 그대로 행동할 수 있으면 좋겠지만, 사회적 동물로서 그렇게 행동하기는 힘들다. 그렇다면 최소한 자신의 속마음과 평소 행동의 차이를 인식하고 어디서부터 스트레스 요인이 나오는지를 알고 스스로 관리하는 것이 중요하다.

세련되게 자신의 스트레스를 말로 잘 전달하는 사람을 보니 몇 가지 요령이 있었다.

우선은 대화 장소를 평소의 스트레스가 쌓이는 공간이 아닌 다른 공간으로 찾는다. 가족 간의 갈등이라면 외부의 카페에서 만나든가, 직장 내의 갈등이라면 점심시간을 같이 먹고 산책을 하는 시간이라든가였다. 공간이 달라지면 태도도 달라질 수 있다.

"인생을 바꾸려면 공간을 바꿔야 한다."

프랑스 철학자 앙리 르페브르의 말이다.

공간은 매 순간 인간 상호작용에 개입하고, 의식을 변화시킨다.

요즈음 핫한 인테리어 플랫폼을 보면, 인테리어 상품을 팔기 전에 공간의 스토리를 판다. 소비자가 자신만의 공간을 조성한 스토리와 공간 사진을 보고, 사용된 가구를 클릭하여 상품 소개로 이동하는 형식이다.

공간의 스토리텔링이라고 할까? 공간은 우리에게 많은 이야기를 해 주고, 서로의 이야기를 듣게도 한다. 할 말이 있는데 말 꺼내기가 어려운가? 상대방의 취향에 맞는 이색적인 공간으로 초대해 보라. 아마도 말이 술술 풀려 나갈 것이다.

근본적인 스트레스 해소법은 자신이 원하는 것을 상대방에게 솔직하게 이야기하는 방법밖에 없다.
　말하지 않는 이상 상대방은 내 마음을 알기 어렵다. 상대방이 내가 원하는 것을 비로소 알게 된 후 내게 맞추어 줄지 안 줄지는 상대방의 선택이다.

5.
제2, 제3의 직업을 찾는 여러 가지 방법

　천직이라고 생각되던 직업을 그만두게 된 이후에 어느 정도 아이들이 크고 나서도 특별히 재취업의 목표를 가지지는 않았다. 하지만, 한 가지에 몰두하기보다는 다양한 분야에 관심이 많은 제너럴리스트의 특성을 가지고 있어서인지, 일에 있어서도 여러 분야에 관심이 있었고, 모르는 분야라면 오히려 새로운 영역을 배울 수 있는 기회라고 생각해서 기회가 생기면 도전 정신이 발동하기도 하였다. 그중에서도 나와 나를 둘러싼 사람의 문제에 대한 고민에서 시작한 심리공부가 가장 재미있고 필요했으며, 그 재미를 따라오며 꾸준히 공부하다보니 현재 심리진단을 보급하는 일로 자연스럽게 접어들게 되었다.

　한 직종에 오래 종사하여 대부분 스페셜리스트로서 강점을 가지고 있는 엘리트 베이비부머의 경우는, 퇴직 후에도 동일 직종의 일자리를 찾는 경우가 많다. 아직 자녀를 부양해야 하는 경우가 많아서 별도의 좋아하는 일을 찾을 여유가 없기도 하고, 퇴직 전에 미처 준비를 못하고, 심지어 고민조차 하지 못하는 경우도 허다하다.

그러나 어느 직장이든지 오너가 아닌 이상 모든 직장인의 끝은 퇴직으로 마무리된다.

요즈음 퇴직을 앞둔 직원들에 대한 회사 부담의 '재취업지원서비스'가 활성화되고 있는데, 충분하지는 않아도 이런 기회를 잘 활용해서 퇴직 몇 년 전부터는 더 이상 퇴직 없는 자신만의 일을 준비하는 것이 필요하다.

몇 년간 매일 두세 시간씩을 투자한다면, 몇 년 후에는 또 그 분야의 전문가가 되어 있지 않을까?

한 가지 직업에 평생 종사하는 세대는 가고, 투잡을 하는 것이 보편화된 MZ 세대가 대두되면서 적성을 찾기 위해 너무 많은 시간을 투자하고 방황하는 것은 의미가 없어 보이기도 한다.

일 년 내내 공부를 하는 게 좋을지 취직을 하는 게 좋을지 판단하기 위해 각종 성격 및 적성검사를 하러 다니는 대학 졸업생을 만난 적이 있다. 시행착오 없이 확실한 길을 선택하고 싶은 마음이겠으나, 일 년이면 대학원의 반 정도는 이미 수료했겠다고 같이 웃으면서 이야기했던 기억이 있다. 일단 시작해 보면 그 안에서 길이 보인다.

그럼 자신에게 맞지 않는 길은 어떻게 알 수 있을까? 십 년 정도 한 분야에 종사했는데 적성이 아닌 것 같다고 말하는 사람도 있지만, 요즘 시대에는 자신에게 너무 안 맞는 직업을 포기하지 않고 그렇게 오래 버티는 경우는 많지 않은 듯하다.

어느 늦은 오후, 당일에 꼭 진로상담을 하고 싶다는 급한 예약이 들어와서 저녁 늦은 시간에 상담이 잡혔다. 당연히 대입을 앞둔 고3, 혹은 구직활동 중인 취업준비생일 것으로 짐작하였는데, 의외로 나타난 고객은 중년을 목전에 둔 전문 직업을 가진 여성이었다.

"지금 회사는 앞으로 딱 10년만 더 할 거예요. 회사 그만두면 문학, 미술, 음악 중에서 하나를 선택해서 두 번째 직업으로 삼고 싶어서 지금부터 체계적으로 준비하고 싶은데, 뭘 선택해야 할지 모르겠어요."

예술가가 되고 싶었는데, 글로벌 기업의 전문가로 일하고 있는 능력 있는 여성이었다. 업무가 재미있지는 않지만 보수도 좋고 할 만은 해서 앞으로 당분간은 더 지속하려고 한다고 했다.
하지만 회사를 그만두고서는 예술적인 직업을 갖고 싶은데, 그것도 전문적인 수준으로 하고 싶다고 했다.
문학, 음악, 미술 등 예술 전반에 대한 흥미가 골고루 높아서 하나를 선택하기가 어렵다고 했다. 실제로 책을 출판하기도 하고 아마추어 미술작품 활동도 하며 대학 때는 밴드 보컬도 했다는 다재다능한 여성이었다.

무엇을 선택해야 할까? 나 같으면 몰두할 때 가장 생생하게 살아 있다는 느낌이 드는 것을 선택할 것 같다. 그렇게 매일 즐기듯이 일정 시간을 연마한다면 제2의 인생에 있어서도 또 다른 전문가로 인정받을 수 있을 것이다.

물론 성과와 상관없이 다양한 예술 분야를 두루두루 섭렵해도 나쁘지 않을 것이다. 제1의 인생에서 열심히 일해서 경제적인 자립을 어느 정도 이루었다면 말이다.

백세시대에 우리는 하나 이상의 직업을 가지게 된다.
현실적인 첫 직업과 원래 하고 싶었던 두 번째 직업, 그리고 사회에 봉사하는 세 번째 직업 등
각자의 개성만큼이나 직업 선택의 길은 다양하다.

6.
건강과 마음의 관계

나의 친할아버지는 대학 시절 축구와 아이스하키 국가대표 선수를 병행하셨던 체육계의 원로이셨다. 테니스가 집안 스포츠여서 할아버지와 아버지, 작은아버지들도 모두 테니스를 즐기셨다. 엄마는 수영을 배우시다가 우리나라에 처음으로 싱크로나이즈가 도입된 YWCA에서 싱크로나이즈까지 하셨던 분이었고, 동생도 무용에 소질을 보이고 학교에서는 달리기 선수로 선발되는 아이였다. 나만 이런 집안 이력과는 동떨어진 아이였는데, 어려서부터 기관지가 약해서 퇴근하신 아빠 손을 잡고 수시로 친구 분이 하시는 동네 병원을 들락거리던 기억이 생생하다. 집안 행사가 있을 때도 어른들은 일을 시킬 생각도 하지 않으셨고, 또래 친척 아이들도 없어서 늘 혼자 책이나 보던 것이 나의 명절 풍경이었다.

어려서부터 그렇게 몸이 약해서 어떡하느냐는 말을 듣고, 가까운 거리도 꼭 차를 타고 가곤 하던 내가, 체력의 중요성을 알게 된 것은 나이 50이 다 돼서였다. 평생 운동이라고는 몰랐던 몸이 먼저 더 이상 안 되겠다고 뇌에 신호를 보낸 것 같다.

　사실 건강의 적신호는 이미 30대 후반에 켜졌었다. 우연히 한 건강검진에서 폐에 종양이 발견되어 대수술을 받았고, 그때부터 의사는 유산소 운동을 할 것을 권유하였다. 그러나 주부 역할을 하는 것만으로도 여유가 없던 시기여서 내 건강은 뒷전으로 밀린 채 십여 년이 흘렀다. 아이들이 어느 정도 크고 조금 시간 여유가 생길 무렵 대학 동기회가 꾸려지면서 동호회 활동에 참여할 기회가 생겼다. 난 유산소 운동을 하라는 십 년 전의 의사 말이 생각나서 등산동호회에 들었다. 그리고 역시나 얼마나 무모한 도전이었는지를 이내 알게 되었다. 등산을 하고 온 주말이면 체력에 비해 너무 무리한 활동을 한 탓에 두통약을 먹으며 주말 내내 누워 지내야 하는 날이 많았다. 그럼에도 친구들에게 민폐가 될까 봐 무리한 활동을 거듭하면서, 내 수준에 맞는 운동을 찾아야겠다는 생각을 하게 되었고, 나와 비슷한 생각을 가진 여자 동기들과 둘레길 걷기 모임을 만들게 되었다.
　마침 서울둘레길이 조성된 원년이라 첫해 목표를 서울둘레길 완주로 잡고, 열심히 걸어서 완주했고, 두 번째 해에는 북한산 둘레길 완주를 목표로 잡고 역시 둘째 아이가 학원에 가 있는 시간을 틈타서 일 년 만에 겨우 완주할 수 있었다.

　평생 처음으로 운동을 하게 되면서 깨닫게 된 것은 두 가지였다.

하나는, 그동안 살면서 힘들었던 많은 부분이 다른 것이 아니라, 약한 체력에 기인하였다는 단순한 사실이다. 누구나 번아웃이 올 때까지 자신의 상태를 잘 모를 수가 있는데, 나 역시 컨디션을 조절하면서 일할 때는 하고 쉴 때는 쉬고 하는 리듬을 잘 못 탔던 것 같다. 그래서 늘 일상이 피곤하고 짜증이 많아지고 했던 것이다.

또 하나는 운동이 내게 주는 만족감은 운동 자체가 아닌 마음에 있다는 사실이다.

산행을 같이하게 되면 흔히 의견이 갈라질 때가 점심을 먹을 때다. 최소한의 요기를 하고 빨리 정상을 정복하러 가자는 그룹이 있는 반면, 즐기러 왔는데 천천히 맛있는 것 다 먹고 담소하며 적당히 놀다 내려가자는 그룹으로 나뉜다. 전자는 목표 중심의 행동형의 사람이고, 후자는 친목을 우선하는 사람이다. 그리고 어디에도 속하지 않는, 매주 운동을 하기로 계획을 세웠으니 실천하기 위해 온 사람도 있을 수 있다. 그 어디에도 들지 않는 나의 이유를 생각해 보았다. 그건 정상 정복도 친목도 규칙적인 건강관리도 아닌 바로 자연을 보면서 느끼는 힐링 때문이었다. 그제서야 비로소 헬스장을 등록하면 한 달을 못 버티는 이유를 알게 되었다. 초록이 주는 싱그러움, 자연이 주는 편안한 마음이 나같이 운동과 담쌓았던 사람도 불러낸 것이다.

운동을 하고 몸이 건강해지면서 환절기면 앓던 감기 몸살도 없어지고, 내 인생의 가장 건강한 시기를 보내게 되었다.

7.
문제에 대한 해답 찾기

내가 살면서 겪어 온 자아 정체성, 진로 취업, 대인관계, 스트레스 문제는 인생을 살면서 누구나 겪게 된다.

우연히 접한 여러 심리 진단을 해보면서 그동안 나를 둘러싼 많은 의문들이 해소되는 경험을 하였다. 그것은 진단의 결과 때문이라기보다는 그것을 기반으로 그때부터 나와 나를 둘러싼 상황에 대해 비로소 객관적으로 생각해 보기 때문인 것 같다.

심리 진단은 자기 성찰의 시작이다.

진단 후의 분석 결과를 보며, 비로소 자신의 내면에 대한 성찰을 해 나가기 시작한다.

관심의 초점을 외부가 아니라 비로소 자신 내면에 집중하게 되는 것이다.

개인적으로는 청년기 때 가졌던 사람의 이중성에 대한 의문, 흥미와 적성을 몰라서 하던 진로 고민, 가끔 오해를 불러일으키던 대인

관계 스타일, 이유도 모른 채 느껴지는 무기력함 등 인생에서 부딪히는 여러 문제의 원인을 파악하는 계기가 되었다.

현재 진단을 받고자 센터를 가장 많이 찾는 연령대는 20~30대이다.
부모의 기대에 맞추어 성장했고, 조직에 적응하며, 연인이나 배우자의 기대에 부응해야 하는 청춘이다. 새로운 정보에 대한 방어벽이 높은 기존 세대에 비해 방어적이지 않은 열린 사고를 하는 젊은 층이다.
진로가 막막해서, 어렵게 취업을 하였는데 잘 안 맞는 것 같아서, 일은 괜찮은데 같이 일하는 사람들이 힘들게 해서, 연인이 생겼는데 자꾸 부딪치는 일이 늘어나서, 아무것도 하기 싫은 무력감을 느끼는데 무엇 때문인지 알 수 없어서… 등 다양한 이유로 상담의 문을 두드린다.

젊은 커플이 좋은 관계를 유지하고자 센터를 방문하면, 우선 자신 안의 다양한 모습을 알게 되고 비로소 자신의 참모습을 이해하는 과정을 거친다. 그리고는 연인의 다양한 모습과 속마음까지도 확인한 다음, 서로 다른 인간으로서의 상대방을 비로소 이해하게 된다.
자신은 물론 상대방도 잘 몰랐다며 이제 이해하게 되었다고 손을 꼭 잡는 모습을 보면 참 예쁘고 뿌듯하다.

개인적으로는 젊은층뿐만 아니라 다시 한번 인생의 전환기에 서 있는 중장년층도 자주 상담 현장에서 만나 볼 수 있기를 희망한다.

이제 중장년층은 외부로 향했던 관심을 자기 자신에게 돌려야 하는 시점이기 때문이다. 의무에서 벗어나서 정말 좋아하고 자신에게 의미 부여가 되는 일을 찾는 것이 중요하다. 그리고 그것은 외부의 기준이 아니라 자신만의 기준이어야 한다.

진단과 성찰을 통해 나를 에워싸던 문제에 대한 원인은 파악하였다.
그럼 이제 나는 바뀌었을까?
내게 심리 진단은 인생에 있어서 원인을 모르는 여러 문제에 대한 답답함을 해소하는 것만으로도 충분한 역할을 하였다.
이제 그대로 살아도 되고 바뀌려고 노력해도 되고… 선택은 자신의 몫이다!

심리 진단은 자기 성찰의 시작이다.
자신의 욕구를 무시하고, 외부로부터의 책임과 의무에 따라 살아온 자기 자신에게 미안해하며 자신과의 화해를 도모하는 시간이다.

8.
내가 계속
꿈을 꾸는 이유

    평생 특별한 인생 목표를 가져 본 적도 없고, 따라서 달성하기 위해 열심히 노력한 적도 없는데, 늘 즐겁고 의미를 찾는 일을 할 수 있는 행운은 가졌던 것 같다.
    뒤늦게 재취업한 회사에 심리 진단을 보급하는 자회사가 있었고, 마침 사업이 확대되면서 직접 참여할 수 있는 기회를 갖게 되었으며, 사업운영과 더불어 다양한 고객들을 대상으로 상담하는 기회도 같이 가지게 되었다.

    현재 하고 있는 심리 진단 보급은 단순한 일 차원이 아니라 도움을 필요로 하는 사람들에게 선한 영향을 끼치는 일을 하고 있다는 점에서 내게 뿌듯함을 가져다준다.
    젊은 층 상담을 하다 보면, 나도 방향이 안 보여서 답답했던 시절에 대한 기억이 주마등처럼 지나간다. 돌이켜 보면 어떻게 살아야 하는지, 내가 좋아하는 일이 무엇인지, 나랑 잘 맞는 사람은 누구인지, 모든 것이 안개 같았던 20대로 다시 돌아가고 싶지 않은 것을 보면 지금 20, 30대의 답답한 마음을 충분히 짐작할 수 있을 것 같다.

또한 평생을 성실하게 일해 온 주된 일자리에서 퇴직하게 된 혹은 퇴직을 앞둔 중장년 가장들, 그리고 자녀 양육에서 벗어나 갑자기 자신만의 시간이 많이 생겨서 빈둥지증후군을 겪는 주부들은 다시 사춘기를 맞을 수밖에 없다.

대부분은 조직의 인정, 가족의 인정을 받으며, 성실하게 자신의 책임을 다하며 살아온 사람들이다. 하지만 이제까지 저절로 주어졌던 사회적인 지위와 나를 설명하는 명함은 실제의 내가 아니다. 그들은 자식 세대인 젊은 층에 비해서 자신에 대해 탐색해 보고, 원하는 것이 무엇인지 알아보고, 외부에서 도움을 받으려는 생각을 하는 것이 익숙하지 않은 세대이다.

나는 앞으로 인생의 도상에 서서 많은 어려운 결정을 해야 하는 청춘들과 그들의 부모 세대가 자신만의 관점에서 성장해 나가며, 행복한 삶을 일구는 데 일조하는 삶을 살고 싶다.

그래서 현재는 경력 단절 여성과 퇴직을 앞둔 중장년 가장을 위한 두 가지 프로젝트를 기획하고 진행 중이다.

"내가 해낼 수 있을까?"

오랜 경력 단절 기간을 겪으면 사회에 나오는 두려움이 크다. 하지만 주부와 엄마로서 살아온 시간은 그 자체로 큰 재산이 된다. 즉 그런 경험을 잘 쌓을 수 있는 분야라면 경력 단절이 아닌 훌륭한 경력이 되는 것이다.

이렇게 스스로도 모르는 자신의 장점은 타인에 의해 발견되기도 한다.

그런 생각을 하면서 올해 경력 단절 여성들을 대상으로 센터의 해석상담사 과정을 개설하고 실습할 기회를 제공하는 과정을 만들었는데, 일반 재직자들보다도 더 큰 호응에 놀랐다.

젊은 층을 대상으로 본인이 살아온 경험을 전문적인 해석 도구에 녹여내는 것은, 열심히 살아온 그들에게 적합하며, 일하고 싶어 하는 이들에게 보람 있는 일을 찾아 줄 수 있다는 점에서 나도 뿌듯함을 느꼈다.

"내 속 이야기를 남 앞에서 이렇게 해 보는 건 처음이야!"

책 쓰기 강의를 수강하면서 퇴직 후의 삶을 모색하는 한 대기업 엘리트 직장인의 토로이다.

퇴직을 앞두거나 제2의 인생을 모색하고 있는 중장년들과는 책을 쓰고 출판하는 과정을 기획해서 직접 같이 진행해보고 있다.
한 분야의 일자리에서 몇십 년을 매진한 후 퇴직을 앞두고 있는 베이비부머 직장인, 특히 남성은 사회의 기대에 맞추어 모범적으로 살아온 경향이 강해서 자신의 본모습과 대면하는 일을 낯설어한다. 그래서 책 쓰기와 출판이라는 방법을 활용하여 자신을 대면하며 인생을 돌아보고 앞으로의 방향을 찾는 발판이 되도록 하고 있다. 그들은 자신이 좋아하고, 잘할 수 있고, 의미 있는 제2의 일을 이미 찾아서 시작을 했거나, 이제 모색하고 준비를 시작하려고 하기도 한다.

 나의 제2의 여행이 자신에 대한 이해가 필요한 사람들을 상담하고 지원하는 것이었다면, 그다음 여행은 이들이 더 성장할 수 있도록 구체적으로 돕는 일이 될 것이다.
 이렇듯 새로운 인생여행을 떠나는 이들을 지원하는 일은 나를 성장시킨다.
 그들의 성장이 곧 나의 성장인 것이다.
 돌이켜 보면 여러 직업을 거친 것 같지만, 사람의 잠재되어 있는 역량을 꺼내서 세상에 펼치게 하는 일이 줄곧 나의 일이었던 것 같다. 앞으로도 내 주변의 많은 이들이 성장할 수 있도록 하는 엑셀러레이터가 되고 싶다.

 이것이 내가 앞으로의 여행을 통해 계속 성장하는 꿈을 꾸는 이유이다.

성장은 인플레이션과 비슷하다.

성장하지 않고 가만히 있으면 세월이 나를 퇴보하게 만든다.

성장은 외부가 아니라 자신의 시각에서 보아야 한다.

더 배우고 경험하여 스스로가 인정하는 성장을 이루는 것이 중요하다.

좌충우돌, 지구촌 여행

[프로필]

明山 명 성 환

트레킹 보헤미안. 좌충우돌로 지구촌을 방랑하고 있다.

93년 백두대간 종주, 94년 동계 낙동정맥 종주로 국내 산은 어느 정도 됐다며 밖으로 시야를 넓혔다.
95년 한국등산학교 동창회 엘부르즈 등반으로 처음 설산과 접했다.

97년 시베리아 횡단 열차로 유럽에 들어가, '알피니즘'의 발원인 몽블랑에 올라 알프스와 연을 맺었다. 정상 부근 슬로베니아 부자(父子)텐트 1박 신세를 지며 우여곡절 속에 유럽 알프스의 최고봉을 밟았다.
이어서, 유럽 땅끝 포루투칼 까보 다 로카(Cabo da Roca)를 반환점으로, 네팔 히말라야와 중국 티벳을 걸쳐 귀환. 유라시아 육로 횡단의 어릴 적 꿈이 현실이 되었다.

각국의 최고봉을 찍으며 2017년 남미 아콩가구아 등정, 2018년 북미 데날리를 등정했고, 2023년 충남고 O.B.산악회 5대륙 써미트 마지막인 킬리만자로 등반을 예정하고 있다. 취미가 비즈니스로 연결되어, 직접 여행지를 답사하고 기획해 세계 곳곳을 안내하고 있다.

[들어가는 말]

지도 밖으로 도망!

충남의 알프스 청양 칠갑산 자락에서 태어나 자연을 벗하며 자랐다. 어릴 적 집안 분위기는 어두웠다. 부모님 두 분 다 고집이 강해 집에 계시면 난 불안하고 초조했다.

과감히 집 밖으로 뛰쳐나가지 못하는 내 자신에 대한 비겁함(?)을 탓하며, 대신에 지도 밖으로 도망을 택했다. 책가방 속에 항상 집어넣었던 사회과 부도가 위안이 되었다. 동남아시아에 있는 라오스의 수도는? 세계사 연표상 1453년 일어난 일? 등 난해한 퀴즈로 초중등 친구들과 꿀밤을 주고받았다.

지명 빨리 찾기 놀이를 통해 세상에 숨을 곳이 이렇게 많다는 것을 알았다. 둥근 지구본 안에 있는 5대양 6대륙을 양손에 담았다. 나일강을 탐험하고 에베레스트를 밟아 보자는 단순하지만 야무진 꿈을 가졌다.

이슬람 세력이 이베리아 반도의 피레네산맥을 넘어 카톨릭과 한판 대결을 벌인 중2 세계사.

'피레네 남쪽의 진리는 북쪽에서는 아닐 수 있다' 재밌는 윤 선생님 시간을 통해 뚜루 뿌아티에 전투가 있었던 732년 해는 여전히 기억 속에 있다.

사춘기 소년들을 설레게 했던 윤 샘의 외모는 우람한 하체의 무다리로 허무하게 무너졌다.

우리나라 최초 에베레스트 등정자와 C대 산악반에 같이 계셨다고 한다.

산에 열심히 다니면 이쁜 사람 만날 수 있다는 웃긴 착각을 까까머리 때 왜 했는지~

학생회관 벽에 있던 연세산악회 정호진 님의 히말라야 로체 등정 사진에 꽂혀 멈춤을 자주 했다. 에베레스트의 남쪽 의미인 세계 4위봉 로체를 찍었으니 이 산악회는 에베레스트가 멀지 않다. 평지와 등산은 노는 물이 다른데도, 중학교 마라톤 선수였다는 충만한 자신감으로 어느 산이든 만만했다.

신입생 동아리로 나에게 안성맞춤이었는데 군대 다녀와 복학하고도 계속 망설였다. 산악회 가입 못 한 아쉬움은 1994년 한국등산학교로 이어져, 본격적으로 설산과 트레킹을 접했다.

소달구지를 타고 먼 길을 여행 간다는 의미로, 전문적 등반기술 없이도 즐길 수 있는 운동이 트레킹(Trekking)이다. 등반과 하이킹의 중간 형태다.

대전에서 와이프와 함께 입시 학원을 10여 년 운영했다. 이후 강의 제안을 받아 수도권 대성, 종로 기숙학원과 경기도 수원과 용인 경찰 공무원 학원 강사로 바쁜 일상을 이어갔다. 시간이 허락되면 되는대로 없으면 일부러 만들기도 하면서 해외 유명산 걷기가 취미가 되었다. 그곳에 산이 있으면 산에 가는 타고난 방랑끼가 발산되었다. 이즈음 KBS 〈영상앨범 山〉 방영과 제주 올레길로 걷기 열풍도 한몫했다.

알프스, 히말라야, 동남아, 뉴질랜드, 북기 등 해외 트레킹 횟수가 늘어남에 따라 데이터가 축적되었다. 타인에게 주는 정보전달을 넘어서 직접 비즈니스로 해 보겠다는 욕심이 생겼다. 제2의 인생으로 삼겠다고~

사업으로 도전해 보겠다고 TNC 여행사 채 사장님께 의향을 여쭤보니, 언제든 가능하지만 제대로 알고 한 것과 다르다고 하셨다.

사장님과는 LG 디스플레이 노사협력 프로그램 백두대간 종주와 도봉구청 몽블랑 트레킹을 잘 진행해준 인연이 있었다. TNC 여행사에서 10개월을 근무했다.

늦었다고 생각할 때가 빠르다는 생각으로 2016년 가을 4개월 반의 중남미 여행과 트레킹으로 남아 있던 퍼즐이 완성되어 '명 트레킹'을 오픈했다.

하얀 산 몽블랑과 인연이 어언 25년이 되었고, 지금은 몽블랑 주위를 라운드하는 투르드 몽블랑(TMB)을 메인으로 세계의 산을 걷는다.

피곤한 두 다리를 달래 주었던 것은 즐거운 산행에 대한 맛과 멋이다.

가 보지 않은 미지에 대한 기대와 환상은 누구에게나 기쁨과 행복을 가져다준다.

꿈을 꾸는 동안 그렇게 즐거울 수가 없다. 깨어나면 한낱 물거품이라도~

가족, 친구, 지인과 함께 또는 다양한 사람과 만남과 소통을 통해 지나온 길을 돌아보고 앞으로의 자신을 격려해보자.

1.
[1995]
유럽최고봉, 엘부르즈(5,642m)

엘부르즈는 '눈의 학'이라는 뜻으로 이름만 들어도 아름다움이 느껴진다.

대부분 유럽의 최고봉을 몽블랑(4,807m)으로 알고 있지만 실제는 러시아에 있는 엘부르즈가 5,642m로 최고봉이다. 엘부르즈는 동쪽으로 카스피해, 서쪽으로 흑해에 연해 있으며 남쪽으로 아제르바이젠, 조지아, 아르메니아공화국의 접경에 위치하고 있는 1,100km의 대 카프카스산군 중앙에 우뚝 솟은 봉우리이다.

한국등산학교 동창회에서 올해부터 시작하는 중장기 해외원정 계획의 첫 대상지로 엘부르즈를 설정하고, 남면보다 접근이 어렵고 등반성이 높은 북면 루트를 택했다.

5월 말 본인 포함 총 17명의 대원으로 등반대가 이뤄졌다.

이곳에 대한 정보 부족과 러시아가 공산국가라는 사실에 다소 불안을 느꼈지만 4차례 합동훈련으로 모두의 가슴속에 자신감이 충만

해졌다.

 8월 16일. 8시 30분 멀리 제주와 부산에서 올라온 대원들을 포함하여 국제선 제1청사 외환은행 앞에 집결했다. 출발 지연으로 4시간이 지나서야 아에로플로트 항공이 움직였다.

 9시간 모스크바 비행은 지루했다. 정상을 향한 이런저런 몽상을 했다. 무너진 삼풍 백화점 콘크리트 속에 갇혔지만 끝내 구출된 장면과 모 산악영화에서 구조되는 장면과 오버랩 되기도 했다. 닥쳐올 현실을 몸으로 마주하면서도 구조되리라는 긍정적 순간을 그렸을 것이다.

 모스크바에서 바라본 시계는 23시 25분. 현지 시간은 18시 25분 이른 저녁이다.

 시차는 서머 타임 실시로 1시간 당겨져 5시간이다.

 숙소는 3동의 건물로 이루어진 30층 이즈마일로보 호텔. 높았지만 허름한 건물이었다.

 석양 노을과 모스크바 시내 야경의 이국적 정취에 한껏 부풀며 사회주의 체제가 어떻다는 등등 잠시 등반을 잊고 삼삼오오 이야기꽃을 피웠다.

 다음 날 민버디행 비행기를 타기 위해 1시간 10분 거리인 브누코보 국내선 공항으로 내달렸다. 시간관념 없는 러시아타임이 있나? 고속도로가 막히면서 국내선 항공을 놓쳤다. 추후 등반 일정이 돼 틀리는 빌미가 되었다.

8월 18일 스케줄이 바쁘다. 민버디에 도착하니 현지 가이드가 곧바로 삐아티골스크가 아닌 날지크시로 방향을 틀기 시작했다.

가이드 리더 니콜라이, 여자 통역 올가, 그녀의 남편으로 엘부르즈 국립공원 구조대원 세르게이, 닥터이자 가이드인 긴나디와 인사를 나눴다.

날지크에 도착하니 헬기가 연결되지 않아 또다시 내일을 기약했다.

양고기 꼬치구이 샤크리크라는 카프카스지방 먹방으로 답답함을 씹었다.

19일. 7시 20분, 전세 헬리콥터가 45분만에 엘부르즈 산록에 닿았다.

본래 2,800m 지점에 내려질 예정이었지만 하루 반나절 계획의 펑크로 3,800m 베이스캠프 주변에 떨궈 준 것이다.

고지대로 육영수 대원을 비롯하여 한두 명씩 고소 증세가 보인다.

고소가 심해 500m 아래로 하산한 5명을 제외한 전 대원이 1차 고소적응 훈련으로 작은 배낭을 메고 4,300m까지 다녀왔다. 김진태 대원은 대장의 허락 하에 원기를 회복한 대원과 함께 오후에 다시 산을 오르는 괴력을 보였다.

큰 빙하는 아니지만 군데군데 숨어 있어 트레바스의 긴장감을 늦출 수는 없었다.

20일. 오후에는 대원 대부분이 피로를 느껴 휴식을 취했다. 일부는 정지하는 것보다 움직이는 것이 도움이 된다며 고소를 견디고자 주변을 천천히 부지런하게 돌았다.

21일. 3차 고소 적응 훈련의 날인데 이날 정상에 오르기로 계획을 변경했다.

간밤에 바람이 거칠게 불었고 눈과 우박이 베이스캠프 깡통 막사를 덮었다.

새벽 2시 30분 기상했지만, 간단한 스프와 장비, 복장 확인하고 나서니 4시 10분.

현지 국제캠프 측의 엄홍길 가이드와 현지 가이드가 앞장섰다.

지금이야 14좌를 완등한 엄홍길을 모르는 분이 없겠지만, 그 당시 90년대 중반에는 8,000m를 4~5개 올라 유명세를 타기 시작했다. 홍길 형님은 같이 등반하는 선배 기수들과 호형호제하는 사이로 산행 분위기가 좋았다.

6시 30분. 2차 휴식을 취할 때는 바람이 더욱 거세지면서 몇 분은 처지기 시작했다.

10시 50분. 동봉과 서봉 갈림길 능선에 도착하니 공포스러운 칼바람에 한겨울이다. 저 아래 마을에서는 반팔 입고 다니는 8월 한여름인데~

1m 앞이 보이지 않는 눈 폭풍에 모두의 등정은 무리다. 공 회장님은 안전을 우려해 정상으로 올라가는 인원을 통제했다.

Mr.엄은 눈보라가 몰아치는 이 상황이 에베레스트 등반 못지않다며 하산해야 한다고 했다. 실망이 큰 용주 형은 이대로 주저앉는 것이 아쉽다며 좀 더 가 보자 했다.

먼저 도착한 엄홍길, 김진태, 이용주 형님이 정상능선으로 이어지는 루트를 살피더니 다시 오른다. 며칠 후에 안 사실이지만 홍길 형님도 엘부르즈는 처음이란다.

나는 시야가 확보되지 않았지만 이분들이 간 발자국을 따라 다소 뒤처진 채 이어 갔다.

정상 부근 가파른 능선에 붙었는데, 얼굴 안면과 고글 사이의 미세한 간격 틈으로 눈이 들어온다. 강풍에 사선으로 날리는 눈 입자가 안구에 들이치니 뿌예지면서 앞을 볼 수 없었다. 눈보라 속에서 개폐식 고글 덮개를 열어 안쪽 안경알을 손으로 문지르고 다시 썼는데 모든 대상이 하얀 도화지 색으로 변해갔다.

말로만 듣던 설맹. 40초 정도 그 짧은 시간이었는데 앞을 볼 수 없는 봉사가 된 것이다.

순간 판단을 잘 해야 한다. 먼저 올라갔던 분들의 발자국은 쌓인 눈에 점점 흐릿해졌다. 결국 그 발자국 따라 내려오겠지 하고 설맹이 발생한 자리에서 움직이질 않았다.

하산할 때 나를 발견 못하면 어쩌지? 혹여 목소리라도 전할까 살려 달라고 고래고래 소리 질러 댔다. 이 눈 폭풍에 택도 없는 짓이지만~

허나, 놀랍게도 택이 있었는지, 어디서 나타났는지 홍길 형님이 내려오다 나를 발견했다.

내 스틱은 집어넣으라며 본인이 가지고 있던 스틱을 최대한 길게

빼더니 두 손으로 각각 잡게 했다.

본인도 피곤한데 덤으로 한 사람을 더 챙기게 되니 힘이 두 배로 든다며, 생명의 은인으로 알고 앞으로 잘 모시라 한다. 말은 시원하게 당근이라고 했지만, 그 후 미안하게도 연락 한번 못했다.

이렇게 몇백 미터 차이로 엘부르즈 정상과는 인연이 없었지만, 살아 있으니 다음을 기약할 수 있는 것이다.

그 무엇보다, 한국등산학교 선후배와 한국 최초 북면으로 엘부르즈 초등을 함께한 기쁨이 컸다.

지친 몸으로 겨우 베이스 캠프 대피소에 내려오니 등반 시작 후 이미 16시간이 지났다. 닥터가 준 설맹 연고약을 눈에 넣고 2시간 정도 누워 기다리니 신기하게도 시력이 서서히 회복되었다.

하루 쉰 8월 23일. 2,800m까지 하산하여 헬기를 기다렸다.

7시간을 기다려도 헬기가 오지 않아 결국 도보와 동네 트럭으로 아래 도시로 이동했다.

2,000~3,000m 코카서스고원을 낡은 트럭으로 달리는데 오른쪽은 천길 낭떠러지. 차마 밖을 쳐다보지 않고 왼쪽으로 붙어서 쇠 난간 손잡이를 잡았다. 여차하면 뛰어내린다 생각하니 엘부르즈 정상 가는 것 보다 더 무서웠다.

목숨을 잃을 뻔한 이 운행을 '죽음의 트럭행진곡'이라 이구동성으로 명명했다.

출렁이는 트럭에서 몸을 가누면서 바라보는 유럽의 최고봉.

저녁 석양에 빨갛게 물들어 가는 동봉과 서봉의 엘부르즈는 황홀했다.

두 봉우리는 태곳적 어머니의 젖무덤이었다.

2.
[1996]
중국 종단(백두산, 황산, 계림, 하이난섬)

한중 수교로 대륙의 빗장이 풀렸다.

겨우 30년 전만 하더라도 서로 왕래가 없었다니 격세지감이다.

돌이켜 보면, 대책 없이 헝클어져 밖으로 돌고 싶은 '내 젊은 날의 초상'이었다.

민족의 영산 '백두산', 중국 베스트 산이라는 '황산', 달나라에서도 보인다는 '만리장성', 동양의 산수화 '계림' 4곳은 죽기 전에 꼭 가보자~

배낭에 텐트. 침낭. 코펠. 쌀은 기본이고, 김치, 밑반찬까지 챙겼다.

영어가 거의 통하지 않아, 중국어 모르는 외국인은 가격 차별까지 감수해야 했다.

하지만, 항저우 여행 중 현지인과 메모장에 한자로 의사소통하다가 최남단 '하이난섬'을 추천받아 일정에 넣었다.

1996년 6월 중순 17:00 인천항.

딱 1개월 선상 비자를 받고 북방의 홍콩 대련(大連)에 다음 날 11시경 도착.

요동반도의 작은 어촌에 불과했지만, 부동항을 원하는 러시아와 만주의 교두보를 확보하자는 일본의 의도 하에 20C 도시의 기틀이 잡혔다.

당일 오후 17:14분 대련에서 출발해 다음 날 08:18분 통화(通化)역에 도착하는 야간열차.

배낭여행자들이 가장 많이 이용하는 딱딱한 3단 침대 구조인 잉워(경와硬臥)로 이동했다.

광활한 만주 벌판에 내리는 석양을 받으니, 지리능선에서 목청 놓아 부른 '안치환'의 노래 〈광야에서〉가 절로 나온다.

'우리 어찌 가난하리요, 우리 어찌 주저하리요, 다시 서는 저 들판에서 움켜쥔 뜨거운 흙이여~~'

역 근처 식당에서 간만에 제대로 아침을 해결하고, 고구려가 도읍을 정했던 곳 압록강변 집안(集安)으로 향했다.

고대사 연구의 소중한 자료로, 비문 해석으로 뜨거운 감자인 광개토왕비문이 궁금했다.

당시 제한 없이 다닐 수 있었지만, 지금은 동북공정이 한창 진행 중으로 호태왕릉비(중국 측 이름)에 유리로 된 보호막이 만들어졌고 일체의 동영상 촬영이 금지되었다.

계단식 피라미드라 할 만한 장군총은 장수왕릉으로 불리운다.

도시 서북 방향의 환도성은 관구검이 넘어와 고구려를 위기에 빠뜨린 곳이다.

다시 통화로 돌아와 야간열차로 백두산 입구 이도백하역까지 약 8시간.

자욱히 깔린 새벽 하얀 안개구름을 차분하게 맞이한다.

사방이 빽빽한 산림으로 둘러싸인 비포장길로 1시간 여를 달려 북파코스 주차장에 도착.

송화강 근원이 되는 68m 장백폭포에서 오른쪽으로 난 길을 따라 달문(達文)에 올라 천지를 두 눈에 담아 본다. 우리 민족의 시원이 이곳에서 발현됐음이 전해진다.

입구 주차장으로 다시 내려가 지프로 올라갈 수 있지만, 물을 건너 곧바로 올라 천문봉(天門奉)에 이른다.

천지를 내려다 볼 수 있는 이곳 하늘과 물이 연결되고 파란 수면에 흰 구름이 떠돈다.

이곳도 6월 말 장마가 본격적으로 시작이다. 밤새 때리는 천둥과 번개로 잠을 설쳤다.

이도백하 조선족 숙소에서 중국에서 유학하는 친구들을 만나 편하게 요녕성 성도 심양을 거쳐 베이징까지 동행했다.

금나라를 정복한 몽골인들이 만주족과 한족 간 무역 요충지로 심양을 건설했고, 17C 만주 지방을 중심으로 흥한 후금은 이곳을 수도로 삼아 대륙 진출의 교두보로 삼았다.

심양에서 베이징 기차 편은 인기 노선으로 당일 예약할 수 없어 야산 침대버스로 가야 했다.

베이징에 도착하자마자 베이징역을 안내받아, 5일 후 북경-남경구간 기차표를 미리 구입했다. 암표를 구하지 않은 유일한 구간이었다.
그 외에는 워낙 유동 인구가 많고 당일 또는 다음 날 이동으로 암표로 살 수밖에 없었다.
하지만 터무니없는 가격을 제시하지 않으며 대부분 원가의 2~3배 안에서 흥정이 된다.

베이징 북쪽에 있는 대학촌이 숙식하기에 안전하다.
외국어대 농구장에서 한국 유학생 M을 만나 그간 과정을 애기하고 교내 초대소에서 지낼 수 있는지 물었다. 초면인데도 친절했다. 알아보니 초대소 방은 없고, 열악해서 중국인들도 꺼리는 곳이라며 학교 근처 여인숙을 소개받았다. 금액이 훌륭해 바로 OK 했다.
6인실 도미토리로 5일간 사용했다.
창문은 베니합판으로 막혀 있고, 침대는 해먹식 U형으로 허리와 엉덩이가 불편했지만, 콘크리트 마당에서 칭칭 감긴 기다란 고무호스로 샤워할 수 있어 다행이었다.

우선 이화원, 원명원을 보고, 다음 날은 만리장성 팔달령 코스였다. 상하이에서 왔다는 대학생들에게 단체사진을 찍어 주면서 친해졌다. 영어 또는 한문 필담으로 의사소통했다.

A 어디서 왔느냐?
B 한국에서 왔다.
A 너 아니, 중국 14억 인구 전체가 동부해안에서 오줌을 갈기면 한반도가 바로 잠긴다.
B 너네는 등치만 크지 제대로 하는 게 뭐 있어? 우릴 우습게 보네.
A 너는 속이 좁구나, 농담을 진담으로 받는 걸 보니…

베이징 시내로 들어와 자금성, 천안문, 천단을 함께 다녔다.
외국인이 중국말을 못하면 고생이 훤하다며 있을 때 잘 먹고 다니라며 군것질로 챙겨 준다. 혼자 하는 여행이 힘들고 재미없을 거라며 그중 친해진 여대생 J는 헤어질 때 눈물을 글썽이기도 했다.
근자에 핫한 한류는 이미 그때 잉태시킨 것 아닌가 싶다.
남경역에 도착해 황산가는 기차표 구매하는데 대기 줄이 전혀 줄어들지 않는다.
나를 지켜보던 암표상이 다가와 '메이여유(沒有)', '뿌야요(不要)'라 한다.
무슨 말인지 알아들을 수 없었다고 하니, 영어 가능한 주변의 중국인이 홍수로 철길이 유실되어 버스로밖에 갈 수 없다고 친절하게 알려 줬다.

과잉 친절을 베푸는 암표상의 안내로 40분을 걸어 황산 가는 시외버스 정류장으로 갔지만 버스표는 이미 매진됐다.

무거운 발걸음으로 남경역으로 돌아오니 대합실은 인구 대국답게 여전히 북적였다.

기차역 오랜 대기로 지쳐 버렸고, 버스정류장 가고 오고 하다 보니 피곤이 밀려왔다.

역 앞에서 매트리스 깔고 침낭 뒤집어쓰고 설잠 자는데 새벽 5시에 그 친구가 급히 깨웠다.

아침 6시 첫차 가능할 수도 있다 하니, 지푸라기라도 잡는 심정으로 다시 버스정류장으로 향했다.

그가 차 뒤로 가서 운전사와 조용히 얘기하더니, 자기에게 빨리 돈 건네주고 차에 타란다.

많이 달라면 어떡하나 걱정했는데, 오매 2배만 받는 착한 가격!!

황산. 해발 1,860m 연화봉을 중심으로 주위에 70여 개 봉우리를 거느린 중국 제일의 명산이다. "오악에 오르니 도든 산이 눈 아래 보이고, 황산에 오르니 오악조차 눈에 차지 않는다"는 말이 있을 정도다.

오후 늦게 황산 버스정류장에 도착해 숙소 밀집 지역인 온천구역까지 20분 걸어 들어가 여장을 풀었다.

그다음 날은 황산 산장에서 하룻밤 자면서 제대로 즐겨야 했는데 '무엇이 중헌디' 당일로 마쳤다.

새도 발 뻗을 곳이 없고, 원숭이도 올라가길 두려워한다는 천도봉,
줄기가 옆으로 퍼져 손님을 맞이하고 환송하는 모습이라는 소나무 영객송,
시시각각 변하는 운해를 볼 수 있는 연화봉,
손오공이 먹다 버린 복숭아가 떨어져 바위가 된 비래석.
에서 펼쳐지는 광경 하나하나가 과장을 해도 지나치지 않는다. 눈으로 볼 수 있는 호사가 이런 것이리라~~
백아령에서 운곡사로 하산하는 마지막 케이블카를 놓쳤다.
미처 준비 못한 랜턴 대신에 희미하게 비추는 달을 벗 삼아 숙소에 도착하니 저녁 9시가 지났다.

항저우에서 '계림산수 천하갑'이라는 구이린까지 장거리 기차로 21시간.
산정에 비단을 첩첩이 쌓아 놓은 것과 같다는 첩채산에서 구이린 시내 전망이 탁월하다. 동쪽에 있는 이강과 서쪽의 동양 산수화 같은 풍경이 어우러져 있다.

이곳 방문의 최대 이유는 구이린~양삭간 이강 유람이다.
카르스트 지형의 귀여운 봉우리들이 강을 따라 자라나 있는 모습

이 이색적이면서 몽환적이다.

때 이른 장마로 물이 크게 불어나 강물은 진한 황토색을 띠었다.

연약한 구름 무리는 뾰족한 봉우리에 걸쳐 있어 게으른 이동도 버거웠다.

여기의 날씨에 크게 현혹되지 마소. 맑으면 맑은 대로, 흐리면 흐린 대로, 비가 오면 오는 대로 운치가 있다.

동양의 하와이로 각광받는 하이난섬.

제주도의 제주시에 해당하는 성도 하이커우(해구海口)를 어떻게 찾아들어 갈까? 기차에서 내리면서도 걱정했다.

구이린-진강철도 최남단 진강역에서 가만히 눈치를 살폈다.

여기저기서 여행사 깃발을 들고 하이난, 하이커우 하면서 모객한다.

아무 말 없이 사람 많이 모은 곳에 따라가 살폈다. 옳거니! 일사천리로 정해진 배로 이동해 섬으로 들어갔다.

하이커우 시내 호텔에서 여행사 설명회를 하는데 오래 앉아 있으니 난감했다. 한국에서 온 배낭여행자라고 양해를 구해 건너온 편도 뱃삯을 지불하고 무리에서 벗어났다.

제주도 제주시보다 서귀포이듯, 하이난섬도 하이커우(해구海口)보다 싼야(삼아三亞).

끝없이 펼쳐진 백사장과 수정처럼 맑은 물빛이 매력적인 곳이다.

고속버스로 3시간 걸려 야간에 싼야터미널에 도착했는데 시외 변두리인 듯 주위에 건물이 없다.

불빛이 많은 시내방향으로 이동하다 T자형 강을 만나 물가에 텐트를 쳤다.

곤한 잠에 빠진 한밤중 2시경. 흙모래 바닥이 점점 축축해진다. 무더위 식혀 주는 자동 온도 장치? 라고 꿈에서 친절하게 일러 주는 듯했다.

정도가 심하고 짠 냄새도 났다. '이건 뭐지?' 순간 정신이 번쩍 들면서 밖으로 뛰쳐나왔다.

바다와 연결된 강이다. 내륙의 강이 아니라 밀물이 몰려오는 바다의 강이었다.

옷가지와 그동안 찍은 필름의 반이 염분에 젖어 있었고, 한밤중 날벼락으로 급히 텐트를 위쪽으로 이동시켰다.

하이커우 쪽에 유배되는 죄인은 복귀의 희망이 있지만, 싼야행 티켓행 죄인은 희망이 없다는 지옥행 티켓을 받은 것. 모함에 의해 싼야까지 온 소동파는 하늘의 끝, 바다의 끝.

천애해각(天涯海角)으로 답답함을 표현했다.

하이커우로 돌아와 광저우 가는 정기선을 기다리는데 태풍으로 기약이 없다.

3일간 물바다가 된 텐트에 공안이 찾아왔다.

항구 주변 들판에 천으로 된 이상한 집인 텐트에 중국어 못하는 이상한 간첩이 있다고 신고가 있었던 것이었다.

  18시간의 긴 항해로 광저우에 도착하자마자 홍콩행 기차표를 티켓팅 하니 빈털터리였다.
  예산 결산이 딱 들어맞다니~
  중국 물가가 저렴하니 예산은 1일 1만 원 계산해 30만 원이면 되겠지 했는데 예상이 빗나가지 않았다.

  빅토리아공원 잔디밭에 밤늦게 텐트 치고, 7월 중순 찌는 듯한 무더위 속 넓은 공원 전세 낸 듯 알몸으로 잠들었다.
  새벽녘 웅성이는 소리에 잠을 깨어 보니, 공원에 아침 체조하러 나온 홍콩 사람들이 잔디밭을 메우고 있었다. 잔디밭 한가운데서 반투명한 방충방 안에서 어쩔 줄 몰라 하는 털 없는 원숭이를 바라보고 있었다.

  물어물어서 외환은행 홍콩지점을 찾아갔다.
  여비 바닥으로, 한국에서 송금 받을 수 있는지 알아보는데, 최소한 1주일이 걸린다고 한다.
  딱한 사정을 알아봤는지 M차장이 고맙게도 도움을 주었다.

  한국에 있는 나의 지인이, 한국에 있는 M차장 지인에게 송금하면 된다는 것이다.

M차장 지인이 수취 확인해 알려 주면 나에게 동일한 금액을 주는 것이다.

나중에 알게 된 것으로 일명 환치기다.

남이 하면 수법이고 내가 하면 방법.

3.
[1997]
유라시아 횡단(몽블랑 등정)

몽블랑에서 바라보는 유럽알프스는 산악인의 로망이다.

왜 그렇게 높은 곳까지 오르려는지 묻지 마라. 단지 앞으로 기회가 된다면 또 오르고 싶을 뿐.

항공이 아니고 유럽 가는 또 다른 방법을 찾았다.

한국인 최초로 시베리아 횡단열차를 다룬 '월간조선' 1997년 5월호가 답이었다.

한정된 예산 제약으로 망설이다, 미뤘던 일정을 실행에 옮기면 되었다.

인천에서 산둥반도 연태항으로 서해를 가로지른다.

'중국 어디 가세요'에 '육로로 유럽 가는데 중국 거쳐 갑니다' 했더니, 연태 인근에서 김치공장 운영하는 젊은 P사장이 하룻밤 다인실 옆자리 동무라 걱정해 준다.

대학 초대소나 기숙사가 홀로 여행자에게는 안전하다며 제남의 '산동대'를 추천해 줬다.

외국인은 바가지 있을 수 있다. 외모는 한~중이 비슷하니 제남버스터미널 도착하면 택시운전사에게 목적지인 중국말 '산똥따시에(산동대)' 이외에 다른 말 하지 말란다.

92년 한중 수교 이후 유학생이 적지 않게 보였다.
대학 구내 두리번거리며 농구장에 기웃거리니 우리말이 들려왔다.
그중 K와 반갑게 인사하고 여차저차 얘기하니 초대소는 찼고, 기숙사 본인 방에 1명 정도는 가능하다며 방으로 들어가니 룸메이트 몽고인 사란바타를 소개했다.

호의에 대한 감사하다는 멘트가 나오기도 전에, 때마침 잘됐다고 한다.
곧 여름방학으로 몽고 유학생들이 돌아가는데 잘 말해 둘 테니 같이 묻어서 따라 가기만 하면 된다고 한다. 서로 전혀 알지 못하는데 처음부터 너무 잘 나가는 게 아닌지~

97년 홍콩 반환 기념으로 전 승객에게 나눠준 공짜 사탕들이 입 안에서 녹아 없어질 즈음 베이징역에 도착해 저녁 몽고행 23 국제열차에 올랐다.

선로 폭이 달라 국경부근역에서 바퀴를 교체하는데 공안이 다가와 하차를 명한다.

서울서 미리 몽고, 러시아 비자를 받아 자신하고 있었지만 나만 콕 찍어 동행하자니 순간 쫄았다.

오늘날 노스 코리아 빼고 못 갈 곳이 거의 없지만, 불과 25년 전 시베리아 횡단 열차에서 이방인으로 취급당했다.

울란바타르 기차 플랫폼은 이산가족 상봉만큼 뜨거웠다.

사란바타 어머니, 여동생. 친척들과 반갑게 인사 나누고 시내 아파트에 도착하니, 집 안이 보일러 배관공사로 난장판이다, 아버지는 주영 몽고대사관 파견 근무로 뵐 수 없었다.

숙식용 방 1개는 아들과 아들 손님이 사용해야 한다며 자리를 피해 준다.

유목민의 손님 접대는 익히 알려졌지만 막상 접해 보니 그 이상이었다.

울란바토르 근교에 계신 사라바타 외할머니의 이동식 주거공간 게르에서 2박 하고, 작년에 이혼했다는 사촌 누나의 새로운 남자 친구의 지프차량으로 4명이 테를지 국립공원에 갔다.

나야 처음 접하는 조랑말이지만, 기마민족 징기스칸 후예도 승마는 처음이란다.

노트북 가지고 있으며 유창하게 외국어 구사하는 강남스타일 사란바타의 말이 반농담으로 들렸다.

  전통 바비큐 '허르헉'과 시큼한 맛이 강한 몽고의 막걸리 '마유주'에 젖어 본다.
  초원에 쏟아지는 별을 기대했건만 구름에 가려 많이 보지 못했지만 그래도 몽고의 밤하늘은 명불허전.

  유럽 들어갈 때 러시아 마피아 염려하는 어머님은 4박 5일간 시베리아 열차에서 굶지 말라며 시장에서 빵, 우유, 야채 등 기본 먹거리에 팔뚝만한 햄까지 챙겨 주셨다.
  그동안의 신세 진 것에 대해 고마움을 표시하려 해도 극구 사양하신다.

  5일간 기차 안에서 딱히 일 없어 무료하고 답답하게 보낼 줄 알았는데,
  큰 도시에 기차가 정차할 때마다 플랫폼에 큰 장 마당이 들어선다.
  몽고 상인들이 중국에서 청바지, 추리닝을 가져와 파는데 땅 짚고 헤엄치기다.
  외진 자작나무숲 시베리아의 만성된 물자 부족과 불편한 교통으로 소비자가 아니라 공급자가 왕이다.
  물건을 보여 주면, 대기하고 있던 사람들은 무섭게 돈부터 건네고 먼저 가져가는 게 임자다.

한동안 진행 방향 오른쪽에 타타르어로 '풍요로운 호수' 바이칼이 펼쳐지고, 호수 가장자리에서 짧은 여름의 선탠을 즐기려는 늘씬한 러시아 미녀 구경에 시간 가는 줄 모른다.

모스크바(Moscow)에 도착하자마자 피터대제가 세운 북방도시 상트페테르부르크(Saint-Petersburg)로 이동해 오후에 둘러보고 북유럽 핀란드 헬싱키에 저녁 늦게 들어갔다.
우리로서 한창 바쁠 저녁 7시에 슈퍼를 달는다. 허기진 배가 앞으로 적응 잘하라고 소리친다. 저녁시간이 보장되어 있는 삶이 선진국 아닌가?

핀란드에서 스웨덴행 국경 버스 대기 중인 독일인 4명과 친해져 일정을 확인해 보니 노르웨이 나르비크(Narvic)까지 같다. 나보고 동양 끝에서 왔다며 무뚝뚝한 게르만답지 않게 동행하자고 한다.

스웨덴 작은 도시 보덴(Boden)수영장에 함께 들어가니 애완견들이 나를 보고 난리다.
둘러보니 모두 백인이다. 색깔이 다르다고 이렇게 유세를 떠나 싶어 빨리 벗어나려 했지만, 독일 친구 K가 침착하라며 가까스로 수습했다.

빙하로 생긴 U자형 골짜기에 해수면 상승으로 바닷물의 침입에 의해 만들어진 피요르드의 찬 기운을 이열치열로 떨쳤다. 5명이 앞에 보이는 작은 섬까지 승자는 저녁 면피하는 것으로 수영 경주 한 판이 벌어졌다.

북극에 가까운 나르비크 야영장에 텐트 쳐 놓고 백야를 기다린다. 어디선가 바이킹들이 나팔을 불면서 노략질할 것 같은 으시시한 밤은 짧았다.

헤어짐이 아쉬운지 B는 자기가 있는 남부 독일 울름(Ulm)에 한번 놀러 오란다.

유럽 어느 도시를 가든 성당이 중심광장에 자리 잡고 있다. 원통형으로 말아 올린 통로로 고딕양식인 울름대성당 첨탑에 올랐다. 아찔한 높이에서 친구들이 거주하는 집 위치를 확인해 주었다.

많이 친하지 않고는 초대하지 않는데 K는 자기 집에서 하루 묵고 가란다.

좀 전에 2천 원밖에 되지 않는 울름대성당 입장료를 더치페이 하자는 친구들 맞나 싶다.

'도화지에 간단히 낙서해.' 화가 지망생답게 K는 선을 능숙하게 연결했다. 입이 대문짝만하고 굵은 안경을 쓴 익살스런 나의 캐리커처를 즉석에서 완성해 주었다.

본(Bonn)대학 유학 중인 죽마고우 재진의 집을 베이스캠프로 정했다.

초, 중, 고등학교에서 대학교까지 같고, 고교 3년간 하숙방을 함께 한 것도 모자라, 성까지 같은 '명'씨로 참으로 질긴 인연이다.

큰 배낭을 내려놓고 가볍게 동유럽 체코, 헝가리, 오스트리아를 다녀왔다.

마침내, 동경과 도전의 대상. 알프스 산맥 최고봉 몽블랑(4807m)이 있는 프랑스 샤모니로 발걸음을 옮긴다.

등반을 뜻하는 알피니즘(Alpinism)의 어원이 알프스에서 유래되었다.

근대 등반의 역사가 시작된 유럽 알프스 최고봉 몽블랑(4807m)은 알피니스트에게는 메카와 같은 곳.

샤모니 장비점에서 필수 아이템 신발, 12발 아이젠은 해결했지만, 피켈은 비싸 포기하니 스틱 정도는 가져가야 한다며 무료 대여해 줬다.

야영장에서 침낭과 물, 식량, 간식을 챙기고 오전 9시 케이블카로 에귀디미디(3894m) 전망대에 올랐다.

전망대서 코앞에 보이는 몽블랑 정상은 4807m로 약 1000m만 오르면 된다.

무식하면 용감할 수 있는지, 설악산(1708m) 높이도 안 되니 당일 하산이 가능하다고 오판했다. 전혀 코스 정보 없이 몽모디(Mont Modi) 길로 들어선 것이었다.

발레블랑슈(Valle Blanche) 평원을 지나 급경사 타퀼(Tacqul)안부 도착하니 텐트 몇 동이 보였다. 다시 마지막 관문 '귀신을 부르는 산' 몽모디만 넘기면 되는데 약 9m 높이의 설빙 벽이 버티고 있다.

빈약한 스틱과 둔탁한 장갑으로는 답이 없어 배낭에 집어넣고 맨손을 수없이 찍힌 피켈 자국 홈에 걸친다.

빙벽은 팔로 당기는 것이 아니라 밸런스만 잡고 아래에서 펴는 다리 힘으로 올라가는 것이라고 배운 기억이 난다.

발 헛되이 박으면 아래 낭떠러지 빙하로 직행이다. 긴장을 늦추지 않고 지나니 몽블랑 아래 경사면에 텐트 1동이 보인다.

내가 몽모디 구간에서 겁에 질려 포기하고 내려갈까 장시간 망설일 때 추월한 2명이었다.

슬로베니아에서 온 아버지와 아들로 아래 타퀼안부에 여러 번 텐트를 쳐 봤고 이번 몽블랑 300m 아래는 처음이란다.

양해를 구하고 이들이 고생해서 다져 논 텐트 바로 옆 공간에 매트리스 깔고 침낭에 들어갔지만 고소 증세로 머리가 아파오고 만사가 귀찮고 무기력하다.

"Are you OK?" 저녁 먹고 나와 마지막으로 화장실 볼일 보고 텐트로 들어가려는 아버지가 걱정이 되는지 묻는다.

여기서 대답 잘해야 한다. '안 오케이.' 밤새 추위에 떨 생각을 하니 선택의 여지가 없었다.

안으로 들어가자며, 기운 내라고 따뜻한 스프를 끓여 준다.

다음 날, 새벽부터 일찍 올라오는 아이젠 발자국 소리에 깨어 아침을 서둘렀다.

험한 구간은 없이 지그재그로 몽블랑 정상에 이르니 벌써 서너 명이 올라와 있었다. 발아래 만년설이 펼쳐진 알프스 몽블랑 정상에서 슬로베니아 부자에게 고맙다는 포옹을 했다.

왜 에베레스트에 오르는가? 라는 기자의 질문에 'Because it is there(거기에 있어)'라는 영국 산악인 조지 맬러리(George Mallory)의 담담한 대답이 울리는 듯했다. '한 번도 실수하지 않는 가장 간단한 방법이 있다. 한 번도 새로운 것을 시도하지 않으면 된다'고 한다. 해 봐야 되든 안 되든 답이 나온다. 이렇게 상상 속의 몽블랑 로망은 현실이 되었다.

"몽블랑 올라가는 길은 귀테산장길, 보송빙하길, 몽모디길 3가지 있다. 그중에 몽모디길이 짧지만 1곳이 사크 많은 급경사 구간이 있어 산악인도 혼자는 가지 않는다."

장비 대여할 때 매니저가 이렇게 친절하게 말해 주셨으면 겁먹고 미리 포기할 여지는 있었다. 무식하면 용감하기도 하지만~

렌트한 장비를 반환하는데 주인은 혼자 했냐고 되물으며 어이없어한다.

좋게 마무리되니 '모르는 게 약'이라고 편히 말할 수 있다.

2019년부터 몽블랑 등반이 까다로워졌다. 안전사고와 환경훼손으로 산장 예약 없고 가이드 없이 등반하거나 야영할 경우 징역 및 벌금 제재로 강화됐다.

오늘의 넷(Net)시대는 새로운 땅에 누가 먼저 깃발을 꽂는 것이 유의미하지 않다.
이미 나와 있는 정보와 기술로 얼마든지 뜻을 펼칠 수 있기에 기회가 더욱 많아지고 있다.
주인 없는 세상이 다가오고 있는 것. 오로지 주인은 자기 자신뿐 아닐까?

4.
[2017]
남미최고봉, 아콩가구아(6,962m)

미국에서 시작된 4개월여 중남미 종단의 피날레는 아콩가구아(Aconcagua)다.

고산 등반은 한시라도 젊고 힘이 있을 때 할 수 있기에, 마지막 일정 이과수 폭포는 다음 기회가 있겠지 하며 포기하고 건너왔다.

뜨거운 열정과 낭만이 살아 숨 쉬는 남미

아콩가구아는 아르헨티나와 칠레에 솟아 있는 남미 대륙의 최고봉(6962m)이다.

원주민 언어인 케추아(Quechua)어로 '경외할 만한 산'이란 뜻을 갖고 있는 이곳을 홀로서기 해 보련다.

대규모 인원과 물자가 동원되는 히말라야의 8천 급과 달리, 이곳 북면 노멀 루트는 특별한 등반 기술 없이 고소 적응과 체력만으로 부담 없이 오를 수 있다.

아콩가구아를 오르려면 등정 허가를 멘도사(Mendoza)에서 받아야 한다.

'와인의 도시'라고 불리는 그 이름에 걸맞게 아르헨티나에서 가장 이상적인 포도 생산지로 손꼽히는 곳이다. 남미 최남단 우수아이아에서 멘도사로 날아올 때, 잠시 부에노스아이레스 스탑 오버에 한인 슈퍼로 달려갔다.

고소에서 입맛을 잃지 않게 김치, 고추장, 미역, 김, 깻잎, 라면 등을 구입해 왔으니 일단 마음이 놓였다.

연말 크리스마스와 신년 2017 사이의 어수선한 기간 중 멘도사에서 입산료 지불로 퍼밋 받고, 에이전트 여행사 잉카(Inca)에 짐 운반 노새인 뮬라 서비스를 편도로 예약했다.

뮬라를 고용하면 체력 비축도 되고, 입산료를 할인해 주기도 해서 좋다.

시내 장비점에서 아이젠, 부츠, 우모복 등 렌트했고, 대형슈퍼에서 10일간 과일, 식량준비와 가스 등 필요 물품을 구입했다.

남반구 1월 여름 시즌 북적거리는데, 허가해 준 등반 체류기간은 20일이다.

귀국 항공편을 고려해 보니 산에서 최대 11일밖에 여유가 없었다.

때마침 유스호스텔 룸메이트가 아콩가구아 마무리한 7써미트 말레이지아 가이드로 서두르지 말라고 했지만, 일정상 그럴 겨를 없어 업다운 고소 적응 생략하고 위로만 가야 했다.

1월 4일: 멘도사(Mendoza) 〉 콘프레시아

새벽 6시 차로, 약 3시간 달려 작은 마을 페니펜테스 도착.

베이스캠프 당일로 가는 뮬라(노새)에 짐 붙이고, 공원 관리소 입산 신고.

스탬프 받고 쓰레기 봉지 수령하면서 첫발 내딛는다.

쾌청한 날씨로 아콩가구아 남벽의 만년설이 시야에 들어온다.

상업 등반대의 텐트들이 보이는 콘푸렌시아(conflencia; 3,300m)에 오후 6시경 도착해 심박수, 산소포화도 메디컬 테스트 받았다.

검사 통과하지 못하면 캠프에 머무르며 적응한 뒤 재검사 받고 다음 지점으로 갈 수 있다.

바람이 강해 텐트 외부에 큰 돌을 얹어 바닥에 밀착시켜야 한다.

1월 5일; 콘프렌시아 〉 플라자 데 뮬라(B.C: 4370m)

아침 8시에 출발해 고소 적응차 놀명, 쉬명 10시간 여유로운 산행이다.

붉은 빛이 선명한 흙이 펼쳐지고 자갈, 모래로 황량한 호르도네스

계곡을 따라 오른다.

베이스 캠프인 프라자 데 뮬라(plaza de mulas, 당나귀의 광장)에 도착하니 짐은 페니펜테스에서 이미 하루 먼저 와 있었다.
여기서부터 필요한 물자는 모두 짊어지고 가야 한다.
물은 얼음을 녹여 만들어야 하기에 연료는 넉넉해야 된다.
배변 봉지를 이곳에서 수령하는데, 없어지면 공원관리소에서 나중 체크아웃 시 문제가 된다.
1월 6일; 메디컬 테스트로 하루 쉼.
어제 1차 메디컬 패스가 안 되어 오늘 오전 10시 재심사 통과.
일정이 빠르니 속도 조절하라는 권고 받았다.

1월 7일; 플라자 데 뮬라 〉 camp 1 (Canada: 5050m)
10일치 식량과 등반 장비로 45kg 육박한 짐을 홀로 감당하니 무게가 장난 아니다.
간신히 스틱에 힘을 주어 슬로비디오로 한쪽씩 무릎 펴 일어선다.
보폭은 신발 사이즈를 벗어나면 안 된다.
계속 오르막이 이어지는 자갈길을 어떻게 왔는지 모를 정도의 고된 하루다.

벌써 8동의 텐트가 있는, 경사졌지만 아담한 캐나다 캠프 1이다.
외할머니가 한국인으로 DMZ 트레킹을 가 봤다는 노르웨이 친구,

도착하자마자 따뜻한 물을 준 브라질 친구,

앞으로 기상상황 정보를 제공해 준 일본 친구 등과 함께했다.

말레이지아 가이드가 반나절 거리밖에 안 되는 짧은 거리지만 반드시 이곳에 텐트를 쳐야 한다고 강조했다.

의욕이 앞서 바로 캠프 2로 올라가면 등정 확률이 낮다고 했다.

1월 8일: camp 1 〉 camp 2 (Nido de condores: 5570m)

오전 11시 출발해서 오후 5시 도착해 뜨거운 물에 적신 손수건으로 몸을 전신 마사지 해 주니 한결 기분이 좋아졌다.

잠시 후 레인저들이 텐트를 흔들었다. 이들은 장비검사를 하더니 이중화, 아이젠, 장갑, 다운재킷이 없으면 준비해서 다시 올라오고 절대 올라가는 건 안 된다고 했다.

또다시 순찰하면서 바람이 강해져 이동을 삼가하란다.

서서히 강풍의 기운이 전해 와 텐트 안쪽 네 귀퉁이에 큰 돌을 넣어 두어야 할 정도다.

1월 9~10일: 휴식

2일간 거센 바람으로 개점 휴업 대기 상태.

강풍으로 텐트 붙들고 주변 돌이란 돌을 다 주워다 외벽 담을 쳤다.

캠프 2의 밤은 플라자 데 뮬라와는 비교가 되지 않게 추웠다. 멘도사는 한여름인데 이곳은 영하 15도, 체감 온도는 영하 25도 정도.

최고시속 260km에 달하는 강풍이니, 바람과 궁합이 잘 맞아야 등정을 보장받는다.

하루 더하면 일정상 포기할 수밖에 없는데, 난 몰라 바람아 멈추어 다오~

얼음물 끓이다 보니 가스 부족으로 옆 텐트에서 보조 받고, 하산 시 여분의 남은 식량으로 보답했다.

1월 11일: camp 2 〉 camp 3 (Colera: 6000m)

식량이 조금씩 소진되니 짐의 무게가 상대적으로 줄어들지만, 고소로 머리는 여전히 무겁다.

정상 가는데 무겁고 불필요한 짐은 따로 데포시켜 놓고 모래 내려올 때 회수하면 된다.

오후에는 바람이 잦아진다는 소식에 모처럼 가벼운 발걸음으로 베를린 캠프에 도착했다.

나무 막사 주위에 여러 동 텐트 칠 공간은 있지만 자갈밭으로 환경이 열악하다.

30분 남짓 거리 콜레라(Colera: 6000m)캠프로 올라서 상업등반대 텐트 맞은편에 야영지를 잡았다.

열심히 조립한 텐트가 완성되자마자 바람이 낚아채 가니, 주위에 있던 친구들이 급히 잡아 주며 평탄 작업과 바닥 고정을 도와준다.

저녁 3층 밥에 입맛도 없어 마지못해 라면으로 채운다.

새벽 뒤척이다 인내 한계를 드러낸 소변으로 텐트 밖 나왔더니 달이 곱다. 쏟아지는 별빛을 바라보며 한없이 아름다움에 취하려 했지

만 칼바람 영하의 날씨를 무슨 수로 버티나~

1월 12일: camp3 〉 아콩가구아(6962m) 정상 〉 camp3

가스 부족으로 눈 녹인 물을 끓이지 못하고 그냥 찬물로 들이키니 속이 불편하다.

누가 먼저일 것도 없이 주변 텐트의 어수선한 기상에 맞춰 새벽 5시 일어나 랜턴 켜고 출발하는데 2중 장갑인데도 손가락이 얼얼하다.

가파른 자갈 언덕 오르는데 두 발 걷다 한 발 밀리고, 10분 걷다가 2분 쉬면서 졸음을 쫓을 즈음 날이 훤히 밝아 왔다.

마지막 캠프 인디펜시아(Indepencia: 6,370m)에 조그만 폐사동이 길가에 있는데 위급 시 몇 명 정도 피할 수 있는 정도의 공간이다. 충분히 휴식하면서 아이젠 착용하고 위험 구간인 작은 언덕을 넘어 200여 m 설벽을 횡단한다.

미끄러짐을 반복하며 넓은 협곡인 쿨루와르를 통과하면 남봉과 북봉이 이어진 능선이 정상으로 연결된다. 오후 2시 30분경 정상에 섰다.

십자가 박힌 평평한 너럭바위에서 구름 한 점 없는 맑은 날씨의 안데스. 그저 좋다!

짐 무게 견뎌 준 두 다리와 잠잠해진 바람에 감사한다.

1월 13일: 하산 camp 3 〉 콘프렌시아

날씨 도움으로 옆 텐트 노르웨이, 브라질 친구 등 대부분 정상을 다녀왔다.

　수고했다고 서로 손 붙들며 축하하고 나중에도 만날 수 있다고 덕담을 나누고 하산을 서두른다.

　국적과 인종이 다를 뿐, 웃고, 좋아하고, 기뻐하고, 슬퍼하는 모습이 같다.

　손등은 햇볕에 검게 탔고 콧잔등 껍질이 벗겨지며 까칠까칠한 수염 손에 잡혀 쓰다듬어 본다.

　캠프2 데포 물건 회수하고 레이저에게 고맙다고 하고 여분의 간식을 줬다.

　올라갈 때 4일 걸린 길을 바쁜 일정으로 하루 만에 하산하는데 그동안 기온상승으로 강물이 불어나 긴장하면서 물길을 건넜다.

　고갤 내밀어 반길 이 없는데, 황량한 길을 그렇게 바쁘게 내려가야만 하나?

5.
[2018]
북미 최고봉, 데날리(6,194m)

　북미 최고봉 데날리(Denali 6,194m)는 세계 7대륙 써미트의 하나로 아시아 에베레스트(8,848m)에 이어 남미 아콩가구아(6,962m) 다음의 3번째로 높은 산이다.

　알래스카주도 앵커리지에서 북서쪽으로 210km 떨어져 있는 이곳은 우리에게는 메켄리로 한동안 알려진 곳이다.
　미대통령에 당선된 메켄리 이름에서 알래스카 원주민이 본래 부르던 이름인 데날리로 2015년 환원됐다. 디국의 연방 기록 및 공식 지도에서 메켄리는 사라졌다.

　모교 '충남고 O.B.산악회'의 5대륙 최고봉 2번째 행사로 후배 형식, 진성과 데날리(6,194m)를 함께했다. 총 인원 5명인 '대전산악연맹 구조대' 총무를 맡은 진성이가 가교 역할 해서 두 단체가 동시에 움직였다.

웨스트 버트레스West Buttress, 웨스트립West Rib, 캐신릿지 Cassin Ridge 루트 중, 널리 알려진 노멀루트인 웨스트 버트레스로 갔다.

크레바스가 많아 위험성이 큰 데다 폭설이 잦고 강풍이 거세게 몰아치면 1주일 내내 계속된다.

북극권에 가까이 있는 관계로 실제 7,000~7,500m급에 이르는 고산으로 일컬어지기도 한다.

인천을 출발해 밴쿠버에서 비행기를 갈아타고 늦은 오후에 앵커리지 도착하니 5월의 햇살을 차단하는 짙은 구름이 낮게 깔리고 있었다.

다음 날, 등반대를 견인해 주는 현지 오갑복 선배 차에 짐을 모두 싣고, REI 장비점을 방문하여 마저 준비하지 못한 장비를 챙기고 동양식품점에서 쌀과 부식 등을 추가로 구입했다.

와실라 오선배님 댁에서 1박하고 국립공원 관리소가 있는 탈키트나로 이동했다.

입산 신고는 했지만, 마땅치 않은 기상 상태로 헬기의 발이 묶여 탈키트나에서 하루를 더 대기했다. 이윽고, 40여분에 걸쳐 산행깃점인 랜딩포인트(LP;2,195m) 설원 활주로에 에어 택시가 미끄러지면서 본격적으로 등반이 시작된다. 이곳은 경비행기가 택시만큼 너무 많아 에어 택시(Air Taxi)로 불리운다.

도착하자마자 LP 레인저에서 연료를 수령하고, 하산하여 먹을 식량 저장해 놓고, 눈삽으로 야영터를 닦고 나니 겨울의 눈 덮인 한라산 장구목의 야영이 떠올랐지만 분위기와 느낌은 판이하다.

진노랑 석양에 넋을 잃고 가까운 듯 먼 듯 데날리 주위 산군을 바라보니 설렘 반 걱정 반으로 가슴이 떨려 온다. 의지만으로 부족하다. 자연이 허락해야 정상에 갈 수 있는데 구사히 마치길 빌어 본다.

아침 7시 기상, 식사를 마치고 텐트와 짐을 챙겨 일부는 썰매에 일부는 큰 베낭에 나눠 멘다. 눈밭에는 아이젠 대신 설피가 위력을 발휘한다. 설피를 차고 배낭 허리와 끈으로 연결한 플라스틱 썰매는 낯선 환경이다. 처음에 힘들었지만 점차 익숙해 6시간 만에 Camp1(2,400m) 도착. 2중화 신발 밑창에 문제가 발생했지만 다행히 여분의 진성이 스키화로 바꿨다. 새 신발에 적응하느라 양쪽 발뒤꿈치에 물집이 잡혔다.

다음 날, 맑은 날씨에 짧은 거리인 Camp 2(2,900m)를 경유해 경사진 Camp 3(3,300m)로 갔다. Camp3(3,300m) 밤새 내리는 눈으로 텐트가 무너질까 봐 지붕을 수시로 스틱으로 때리며 뜬눈으로 새운다.

일찍 이동하면 쌓인 눈밭을 가르는 힘 빼기 노력봉사(?)를 해야 한다.

좀 대기하다가 이른 점심을 먹고 하고 모터사이클힐, 다람쥐힐을 지나, Camp 4 못 미쳐 바람이 거친 윈디코너(Windy Corner) 상단에 짐을 데포(Depot)하고 다시 Camp3로 귀환.

 넓은 설원 Camp 4 메켄리 시티(4,330m)를 9시간 만에 도착해 숨 고르면서 향후 일정을 점검해 봤다. 아래쪽에 데포한 짐 회수하고 이틀 휴식을 갖기로 했다.
 짐 무게 안분과 고소 적응 과정에서 대원 선후배 간 이견 또는 알력이 없지 않았지만 서로 양보하고 화합하려는 노력에 감사했다.
 이웃 텐트에서 건너와 차와 커피 한잔하며 일행과 즐거운 한때 보냈는데, 1년 후 히말라야에서 안타까운 소식을 전한 산악인 故 김창호님도 그제 본 듯 선하다.

 '대전산악연맹 구조대'와 미팅에서 설벽 헤드월 위쪽에 짐 데포 한 번 더 하기로, Camp5에서 1박만 하기로 했고, 무게와의 전쟁으로 8인용 텐트 1동만 가져가기로 통일.
 커니스(눈처마) 상단부 급경사 구간인 헤드월(Headwall)은 마지막 난관으로 약 400m 고정로프가 설치돼 있다. 안자일렌과 쥬마를 통해 프런트포인팅으로 한 발자국씩 전진할 때마다 정상이 가까워지지만, 고정 로프에 바싹 엎드려 카라비너 통과할 때마다 열정, 스릴, 도전이~~

 고정로프가 없어, 강풍과 마주하면 답을 찾을 수 없는 아찔한 폭 Headwall 3m 이내 암릉길인 나이프 릿지 Knife Ridge를 벗어나면 최종 캠프 메켄리 빌리지 Camp5(5,200m)다.

협소한 텐트 공간에서 저녁 식사 후 8명이 침낭을 뒤집어쓰고 세로로 누워 본다.

한밤중 텐트 안 기온이 -18C로 매트리스 사이사이 틈새 찬 기운에 뒤척이다 아침을 맞는다. 랜딩포인트(LP)에서 도착하고 12일 만에 써미트다.

대전 연맹 구조대 영길 형님의 걸음이 자꾸 뒤처진다. 정상에서 내려오는 폴란드 여성 닥터가 이 친구 고소 증세가 예사롭지 않다며 당장 하산하지 않으면 위험하다고 한다.

'고지가 바로 지척인데 발길 돌릴 수 없다'는 형님의 고집이 대단했다. 지금 이 상태로는 무리로 정녕 정상 가고 싶으면 혼자 가라는 압박과 내일 다시 올 수도 있다고 회유하는 대전구조대 후배들 요구에 형님은 후퇴하기로 결정했다. 바람 없는 날씨와 극지방에 나타나는 백야로, 그 늦은 시간 11시에 5,000m 고지에 헬기 접근이 가능해 다행히 구조될 수 있었다.

현지시각 6월 1일 Camp5 8시 30분에 출발해서 밤 9시경에 데날리 정상(6,194m)에 섰다.

만년설 위에 구름을 피해 석양빛이 사선으로 내리친다.

우리 팀과 연맹 팀 막내 S는 석양에 물드는 데날리를 뒤로하고 하산해 다음 날 새벽 3시 30분에 Camp5로 복귀한 긴 하루였다.

등린이의
두 번째
점프

[프로필]

최 진 관

연세대학교 공학대학 및 동 대학원을 졸업 후, 우리나라 5대 그룹 중 LG, 현대, SK그룹에서 일하는 독특한 경험을 했다.
첨단 대한민국의 첨단 반도체 회사에 다녔으나, 삶에 뭔가가 부족하고 공허하여 새로운 것을 찾기 시작했고, 서른 후반이 다 되어서 책이 좋아지고 글쓰기가 좋아졌다. 내친김에 공학도에서 문학도로서의 트랜스포머(transformer)? "그 주인공이 나라면 어떨까?" 상상의 나래를 펼쳐 본다.
충북도청 공무원, 지역사회 단체장, 직장인 등을 대상으로 15년여 〈한국 크리스토퍼 리더십〉 강의 및 청주지회를 함께 열고 청주센터 장을 역임하였다.
미국에서 〈나폴레옹 힐 리더십〉 강사 과정을 수료했고, SK하이닉스에서 근무하며 〈애니어그램〉, 〈사내강사를 위한 강의〉 등 여러 강의를 했다.
현재는 (주)유진테크에서 근무하며, Daily 〈오늘의 단상〉이란 글을 SK하이닉스 등 수백 명에게 4년여 써 오고 있다.
이제는 그 트랜스포머로서 첫 발을 내딛어 본다….

[들어가는 말]

당신은 지금 행복한 삶을 살고 계십니까?

한 강의에서 '라이프 사이클'을 그려 보라고 합니다.

X축은 살아온 시간 축, Y축 +는 좋음의 강도 -는 힘듦의 정도, 즉 살아오면서 좋았을 때는 높게, 어렵고 힘들 때는 낮게 그려 보는 것이죠. 저뿐만 아니라 강의 참석자의 대부분이 높낮이 차이는 있지만, 오르막과 내리막 곡선이 눈에 들어옵니다. 오르막에서 내리막의 나락으로 또는 나락에서 급격한 오르막 곡선을 타는 것에는, 그 사람에게 어떤 이벤트, 어떤 전환점이 있었을까 궁금해지는 대목입니다.

교육 참석자뿐만 아니라, 부자든 권력자든 똑똑한 사람이든 소위 "잘났다"고 하는 사람들도 오르막 곡선뿐만 아니라 내리막의 삶이 존재하고 있다는 것이고, 실은 현재가 그 내리막 곡선의 변곡점에 서 있을 수도 있습니다. 그래서 잘나갈 때 자만하지 말고, 더 살피라는 것이겠죠?

제 '라이프 사이클'에서도 몇 개의 산과 몇 개의 수렁이 보입니다. 그중 가장 깊은 내리막 곡선의 커다란 수렁이 눈에 띄며, 그때의 일과 사건들이 파노라마처럼 떠오릅니다. 슬프게도 삶의 악재는 한꺼

번에 쏟아지기 일쑤입니다. 뭔 사건이 터지면 연달아 터져, 처리하기 점점 어렵게 만듭니다. 특히 경제적 악재와 건강 악화는 절친 사이라고나 할까요?

  제가 그러했고, 그 깊은 수렁을 빠져나오기 위해, 아니 살기 위해 아등바등했던 시절. 어떡해서든 무엇을 해서든 해결의 실마리를 잡아 보려고 많은 시도와 포기, 노력과 우여곡절 속에, 결국 그 수렁을 벗어나게 되었습니다.

  지금 와 돌이켜 보면, 거기에는 우연만이 아닌 필연이란 것이 있었고, 어떤 계기와 분명한 방법이 있었다는 생각이 듭니다. 그 수렁을 빠져나온 나의 경험을 공유하면, 또 다른 수렁 안에 빠진 사람이나 수렁에서 빠져나오려는 사람에게 작은 도움이 되어 수렁에서 빠져나오는 데 힘이 되리라 생각해 봅니다.

  등산과 어린이의 합성어로 등산 초보자라는 '등린이'는 오르막 걷는 요령도 모르고, 휴식타임을 놓쳐 지치고 힘들기만 합니다. 포기하고 하산할까 생각도 해 봅니다. 우여곡절 속에 등산 방법을 터득하게 된 등린이, 두 번째 오르막길에서는 요령대로 한발 한발 내딛다 보니 어느덧 정상이 보이고, 정상에 우뚝 서 있는 자신을 상상해 봅니다.

인생 한방!
로또 한방!

로또 1등이 당첨된다면, 가장 하고 싶은 것이 무엇입니까?
로또 한방으로 인생 전환을 꿈꾸는 사람들이 많습니다. 일확천금으로 현재의 위치에서 이루지 못한 것들이나, 자신이 막연히 가지고 있던 꿈을 이루자는 것이겠지요. 적어도 로또의 당첨 기대로 단기적으로나마 삶의 희망을 가져 보거나, 어쩌지 못하는 현재를 바꿔 주는 요술방망이의 꿈을 갖는 것이겠지요. 그런데 로또 1등 당첨자 대부분의 결말은 하고 싶었던 꿈을 이루기는커녕, 당첨 전보다 더 못한 삶을 사는 것을 목격하면 아이러니합니다. 삶의 대전환을 이루기는 했는데, 원치 않은 삶의 전환이 되고 만 것입니다.

반면 삶이 계획된 대로만 살아간다면, 살아가는 재미가 있을까요?
한 지인은 의사가 되기 위해 열심히 공부하여 의대에 입학하였고 유학도 다녀와, 대학병원의 의사이자 교수가 되었습니다. 그간 결혼도 하고 두 자녀도 잘 성장하여 남부럽지 않게 살고 있었습니다. 40대 중반 즈음에 '지금까지 살면서 자신을 위한 것이 무엇이 있었나?'라는 자문과 함께, 자신만을 위한 삶도 살아 보고자 이런저런 취미거리나 특기를 찾아 다녔습니다. 카누 등 여러 취미교실을 수강하였고, 그중 요트라는 취미에 정착하게 되었습니다. 그런데 이 취미가 이분에게는 두 번째 삶의 출발점이 되었습니다.

의사라는 직분 외 모든 것이 요트를 중심으로 삶이 펼쳐지는 것을 목격했습니다.

라이프 사이클처럼, 삶이란 것이 늘 좋을 수만도 없고, 늘 나쁠 수만도 없는 것이겠지요. 물론 내리막 곡선이 깊고 긴 경우도 있습니다. 이 커다란 수렁을 벗어나 상승이라는 희망을 갖고 많은 시도를 해 봅니다만, 좀처럼 빠져나오기 쉽지 않습니다.

특히 한 목표를 가지고 최고를 향해 쉬지 않고 바쁘게 움직이다 보면, 때론 몸과 마음이 지치고 때론 누군가로부터 상처를 입기도 합니다. 겉은 '번지르르'한데, 속은 허합니다. 문득 "내가 무엇을 위하여, 누구를 위하여 이러고 있는 거지?"라고 자문하며, 자기 자신을 돌아볼 때가 있습니다. 이때가 누구나 겪어야 할 두 번째 성장통이라고 할까요? 삶의 전환점에 서 있는 것입니다.

1. IMF와 나

1997년 IMF는 우리나라 국민의 개념을 바꾸어 놓은 사건입니다. '평생직장'의 개념이 퇴화하고, "새해 복 많이 받으세요"라는 인사말 대신 "새해 돈 많이 버세요"라는 말로 자연스럽게 바뀌어 갔습니다.

당시 김대중 대통령의 경제 개혁에 대한 한 정책으로 '3대 빅딜'이 탄생했습니다.

"글로벌 기업은 최강자만 살아남는다"는 기치 아래, 재벌의 과잉 시설과 과다 부채 해소를 위하여 재벌들 스스로 사업을 교환하여 정리하라는 것입니다. 그중의 하나가 반도체 빅딜입니다. 우리나라와 같은 작은 나라에 투자비가 큰 반도체 산업에 삼성, LG, 현대라는 빅 반도체 3사는 낭비이니, 2개사로 정리하는 것이었습니다.

우여곡절 속에 제가 다니고 있던 LG반도체는 현대전자에 합병 되었고. 합병한 현대반도체는 다시 부도에 직면하여 Work out이라는 아픔을 겪습니다. 이때 미국의 DRAM 반도체사인 '마이크론'사에 넘어갈 뻔했으나, 국내 여론과 임직원들의 저항으로 무산되었던 아픈 경험이 있습니다.

 그 아픈 상황 속에 저 개인도 아픔을 겪던 시기였습니다. 회사의 지원 하에 대부분의 임직원이 퇴직금 중간 정산과 은행 대출로 샀던 우리 사주가 Work out 되면서 폭락하고, 결국 1/20로 감자되어 경제적으로 힘들어졌습니다. 당시 과장급 이상은 정기 보너스 지급을 유예하고, 진급도 유예시켰던 때였습니다.
 당시 직장동료 중 한 명은 작은 전세 값 정도 하던 우리 사주를 모두 팔아 PC 한 대를 사는 것으로, 사주를 정리하고 말았습니다. 물론 저는 오기로 "자녀에게 유산으로 물려줄망정, 끝까지 가지고 있다가 끝이 어디인가를 보겠다"며 주식처리를 유보했습니다만…

 게다가 직장 상사와의 잘못된 만남에 의한 심한 스트레스와 매일 반복되는 밤늦은 야근에 주말 특근 등으로 몸도 마음도 지치고, 결국 요통까지 와서 병원, 한의원 치료, 용하다는 지방 약국도 찾아다녔습니다. 요통은 장시간 앉아 있는 것이 특히 나쁜데, "회사가 안 좋을 때는 장시간 회의가 많다"는 말처럼 장시간 회의가 많아 회의 참석이 곤욕이었습니다. 20여 분 동안은 자세를 바꾸고 몸을 비틀며 참다가 결국 자리에서 일어나 뒤에 서서 회의를 계속 참여하곤 했습니다.
 24시간 돌아가는 반도체 산업에, 해외 반도체 제조사와 치열한 치킨게임으로 늘 비상 상황이었습니다. 반도체 경기가 좋지 않을 때는 당근 '비상'이었고, 경기가 좋을 때도 "물 들어왔을 때 노 저어야지"라며 비상을 겁니다. 늘 오버타임 근무로 특별한 날만 정시 퇴근, 지속되는 주말 특근 등으로 모두들 몸과 마음이 지쳐만 갔습니다. 특히 저는 주말 부부로서, 아이들의 성장기에 가족과 많은 시간을 함께하지 못하는 심적 안타까움이 늘 마음 한 구석에 남아 있었습니다.

경제적, 신체적, 정신적으로나, '나' 스스로에 대해 무엇 하나 맘에 드는 것이 없었습니다.

저뿐만 아니라 직장동료들도 힘든 회사 상황과 고된 업무에 지쳐, 퇴사 이야기가 오가더니 한두 명씩 퇴사가 시작됩니다. 급기야 동료들끼리 사직서 제출 줄이 겹치다 보니, 가위 바위 보로 퇴사 순서를 월별로 결정하는 웃픈 사태가 일어납니다.

저 또한 "여기를 빠져나가는 방법은 '퇴사'밖에 없구나."라며, 주말 부부로 떨어져 있는 아내에게 퇴사 의사를 전합니다. 맞벌이 부부였던 아내는,

"퇴사하고 1년 동안 외국에 나가서, 삶의 아이템을 가지고 돌아오라."고 말합니다.

이 한마디는 저에게 큰 용기를 주었습니다.

그러나 그것도 잠시,

회의 시 의자에 20여 분을 앉아 있지 못해 장시간 회의에는 뒤에 서서 회의에 참여했던 제가, 장시간 비행도 그렇거니와 "행여 타국에서 허리가 아픈 것이 도져 옴짝달싹도 못한다면 어이하나?" 라는

생각이 들면서 다시 회의감과 우울감에 빠졌습니다.

  일단 회사에 다니며 요통 치료 등 건강이라도 추스르고, 헤쳐 나갈 방법을 찾아보자며 이것저것을 시도하게 됩니다.

2.
좋은 습관 만들기

이런저런 변화의 길을 모색하던 중 사내에서 당시 세계 5대 리더십 교육 중 하나인 〈피닉스 리더십 교육〉이 예정되어 있어, "그래, 이 교육을 통해 내 목표를 찾아보자"라며 교육에 임하였으나, 제 목표를 정하지 못했습니다. 삶의 목표를 세우는 것이 쉽지 않네요. 대신 삶의 희망이라는 빛은 보였고, 교육 내용에서처럼, 그리고 요통 치료를 위해서라도, 먼저 좋은 습관을 만들어 보기로 하였습니다.

"신체적 습관 하나와 정신적 습관 하나…."

어떤 것이 습관이 되기 위해서는 최소 21일을 해야 한다고 합니다. 머리가 안 좋으면, 소위 '닭대가리'라고 부르죠. 실제로 닭의 뇌는 콩알만 합니다. 그런 닭도 자신의 알을 21일 동안 품어 병아리로 부화하는데, 하물며 인간이 고작 21일을 못 참나요?

몸과 마음이 습관이 되면, 커다란 노력 없이도 자연스럽게, 그리고 지속적으로 하게 되는 장점이 있습니다.

나의 '좋은 습관'으로서, 먼저 신체적 습관으로 '매일 30분 이상 운동'으로 허리를 치유하자는 것이었습니다. 허리 운동에는 걷기와 수영이 좋다는 것을 알고 있을 것입니다. 때마침 직장동료들과 기숙사 수영장에서 수영을 함께 하기로 의기투합하여 수영복과 수영모를 구입하여 수영을 시작했습니다. 수영을 잘하지는 못했으나, 웃고 떠드는 시간이 그나마 즐거워 계획된 날엔 참석하려고 노력했습니다. 숙취로 몸이 힘든 날은 일어나자마자 곧바로 수영장으로 출근하여, 편도 25m의 풀만으로 몸을 풀고 나와서는 "오늘 운동 끝"이라고 말하며, 습관도 이어 가고 숙취도 해소했던 기억이 납니다.

그리고 숙소에서 회사까지 약 3.3km 정도를 되도록이면 걸어서 출퇴근하는 것입니다. 가끔 회식이나 모임 등 차가 필요할 때는 모임 장소로 이동 후, 귀가 때는 미리 준비해 온 배낭가방에서 운동복과 운동화를 꺼내 갈아입고 걸어서 귀가했습니다. 물론 다음 날 아침에는 더 일찍 일어나 전날 모임 장소까지 다시 걸어갔다가 출근하곤 했습니다. 한번은 회식 모임 후 한적한 어두운 길로 귀가하고 있는데, 갑작스런 개 짖음에 놀라 개에게 화풀이 몸짓을 했는데, 어디선가 개 주인이 나타나 몸싸움으로 이어진 적도 있네요.

그러던 중 아내가 근력운동도 해 보라며, 빌 필립스가 쓴 《Body

for Life》라는 책 한 권을 권하였습니다. "무슨 허리가 아픈 사람이 근력 운동을?"이라고 투덜거리며, 책을 열어 봤는데 곧 흥미가 생겼습니다. 단순히 건강을 위한 몸이 아닌, 삶을 위한 몸 관점이란 것이 마음에 들었습니다. 책의 전반부는 운동 방법보다는 '변신도전' 콘테스트로, 운동 전/후의 변화 사진과 운동을 하게 된 수기를 쓴 것으로 흥미와 용기를 주었습니다.

콘테스트 1등을 한 '링겐필터'는 삶이 완전히 뒤집히는 오르막과 내리막을 겪게 됩니다. 16살 고등학교 축구 주장이었던 그는 친구와 토끼 사냥을 갔다가, 친구의 오발로 총을 맞아, 18리터 수혈 등 대수술로 극적으로 살아남았습니다. 의사들은 더 이상 운동이 불가능하다고 했지만, 그는 열심히 운동을 해 운동선수로 다시 복귀를 했습니다. 대학에 입학하고 약혼도 하여 행복한 나날을 보내던 중, 예전에 수술한 병원에서 연락이 옵니다. 수혈한 피에 에이즈 바이러스가 포함되어 에이즈에 감염되었고, 2년 정도밖에 살 수 없다는 청천벽력의 소식….

결국 심한 우울증이 생기고 이는 대학교 중퇴, 파혼으로 이어져 망신창이 삶이 되었고 체중도 100kg 더 나가게 되었습니다. 그러나 2년, 3년이 지나도 죽지 않았고, 허무하게 9년이라는 시간이 흘러갔습니다.

"어~ 죽지 않네", "더 살 수도 있겠네"라며, 늦었지만 삶의 목적을 생각하게 됩니다. "먼저 불어난 몸부터 정상으로 만들자"라며 운동을 다시 시작하여, '변신도전' 콘테스트 1등을 하게 된 것입니다.

　책을 읽는 내내 감동이 전해져 저도 바로 근력운동을 시도하게 되었습니다.
　회사 헬스장에서 가벼운 런지와 스쿼트, 그리고 벤치프레스는 허리에 무리가 오지 않도록 누워서 역기나 아령을 들어 올림으로써 근육을 키웠습니다.
　책에서 나온 대로 일명 〈Body-for-Life 운동방법〉으로서, 준비단계는 몸 풀기로 5-레벨에서 시작하여,
　1단계는 6, 7, 8, 9-레벨로 나누어 한 단계씩 올려서 들어 올리고,
　2단계는 1단계를 2회 반복하고,
　3단계는 1단계를 한 번 더 실행 후 최고점인 10-레벨을 진행하고,
　4단계는 다시 몸을 풀어 주는 5-레벨로 마무리하였습니다.
　자주 레벨과 단계를 바꿔 주니 지겹지 않게 운동을 할 수 있어, 지속할 수 있었던 것 같습니다.
　모든 근력 운동은 이러한 방법으로 진행했는데, 마지막 최고점인 10-레벨에서의 근육파괴는 우리가 쉴 때나 잘 때 등 휴식기에, 근육회복을 위한 칼로리를 소모하여 체중 감소 효과를 가져다줍니다.

　사내 헬스장에서는 근력 운동인 무산소 운동뿐만 아니라 유산소 운동도 앞의 운동 방법과 동일하게 레벨별 단계대로 〈20분 유산소 운동해법〉을 진행했습니다.

러닝머신에서 준비 단계는 5-레벨인 시속 4km로 2분 걷고, 1단계는 6, 7, 8, 9-레벨로 5, 6, 7, 8km/h로 속도를 높여 1분씩 걷고, 다시 1단계를 2회 반복하고, 3단계에서는 1단계 추가 반복 및 최고점 10-레벨로 9km/h를 찍은 후, 다시 5-레벨인 4km/h로 마무리하였습니다. 딱 20분 소요로 짧은 시간에 고효율적 시스템이고, 역시 속도를 계속 바꾸다 보니 지겹지 않게 후딱 지나갔습니다.

유산소 운동은 상황에 따라, 걸어서 출퇴근 또는 사내 헬스장에서 걷기와 수영을 번갈아 가며 하였기에 장기간 할 수 있었던 것 같습니다. 이런 과정을 통해 허리는 좋아졌고, 몸무게도 거의 10kg 감량으로 몸도 가벼워져 최악의 건강은 탈피할 수 있었습니다.

한번은 사내 행사로 팀별 5km 단축 마라톤 후 회식을 한 적이 있습니다. 저는 요통으로 마라톤은 뛰지 않고 회식에만 참석하겠다고 하였으나, 진행 팀은 마라톤 이벤트도 참석을 권유하여 "허리가 아프니 달리는 대신 도보로 완주하겠다"며 참석을 했습니다. 걸어서 출발하려다가 모두가 뛰어 출발하니 저도 뛰어 출발했는데, 웬걸? 계속 뛰어도 허리가 아프지 않고 괜찮네요. 내친김에 계속 뛰었는데, 5등 안으로 골인하게 되었네요.

물론 운동을 시작한 초반에는 근육도 아프고, 몸도 피곤하고, 회사에서 회의 중 졸기도 하고, 포기하고 싶은 마음도 있었습니다.

그래서 운동을 포함하여 뭔가를 지속하려면, 재미가 있어야 합니다.

함께하는 동료가 있으면 좋고,

운동과 더불어 할 수 있는 볼 거리나 들을 거리,

또는 호기심을 유발할 수 있는 것이 있으면 좋습니다.

또 하나, 목표를 잘게 잘게 썰어 중간 목표를 달성하면, 자신을 위한 작은 선물을 주는 것도 좋은 방법입니다. 평소 사고 싶었던 것이나, 먹고 싶었던 것, 여행 등 스스로를 위한 선물은 무엇인가를 장시간 지속할 수 있는 추진력이 되어줍니다.

3.
정신적 습관

 잦은 야근, 주말 특근으로 쉴 틈이 별로 없고, 가끔 음주 등으로 몸이 늘 피곤하여, 퇴근하면 자동으로 누워서 TV 스위치를 켜고 잠들곤 했습니다.
 정신적 습관으로는 발전이 없는 이런 TV 시청 습관을 끊고, 독서를 하기로 마음먹었습니다.

 "2개월에 한 권 이상 독서"

 문과 대비 자연계열 학생들이 독서를 적게 하는 편인데, 슬프게도 저도 거기에 일조한 것 같네요. 영화나 이야기 중에, 심지어는 반도체 회사에서도 그리스나 로마의 신 이름이 거론되었습니다. 반도체 신규 제품명을 아폴로, 포세이돈 등 '신' 이름으로 작명하네요. 암튼 신 이름이 나오면 사전을 찾아 유래와 의미를 찾아봐야 했고, 심적으로 위축되곤 했습니다. 돌이켜 생각해 보면, 그리스 로마 신에 대하여 교과에서 제대로 배운 적이 없기에 당연한 것이라며 자위하기도 했습니다만. 이런 생각으로 저의 첫 번째 독서로 그리스 신화에 대한 책을 구입하게 되었습니다. 첫 책이 제가 궁금했던 사항이고 읽다 보니 내용도 재미가 있어, 성공적으로 첫 독서를 마칠 수 있었습니다. 이후 《누가 내 치즈를 옮겼을까?》, 《부자 아빠 가난한 아빠》 등 당시 유행하던 자기 계발서 등을 읽어 가며, 독서 습관을 만들어 갔습니다.

물론 읽다가 중단한 책도 있습니다. 재미가 없어서, 몸이 피곤해서, 조금 쉬었다가 읽어야지 하다가, 수일이 지나면 흥미를 잃는 경우죠.

그래서 먹는 음식처럼, 책도 잘 골라야 잘 읽을 수 있습니다.

책을 좋아하는 사람들 중에는 아직도 서점에 가는 것을 좋아하고 서점에서 책을 훑어보며 고르는 이도 있으나, 시간과 공간의 제약이 있는 저와 같은 사람은 대부분 인터넷에서 책을 고릅니다. 흥미와 관심 있는 분야의 베스트셀러나 스테디셀러는 무난하고, 간혹 책의 개요나 목차, 서평 등을 보면 뭔가 끌리는 경우도 있습니다.

책을 읽다 보니 좋은 글은 형광펜으로 줄도 그으면서, 감동 있게 읽은 책은 내용 정리도 해 보았습니다.

감동받은 책은 저와 비슷한 감동을 공유하고 함께 느끼고자, 필요하다 싶은 지인들에게 우편으로 슬쩍 선물하기도 했습니다.

그런데 책이란 것은 읽는 사람의 당시 상황에 맞아, 집중해서 읽을 관심과 읽을 환경이 되어야만 감동이 온다는 것을 알게 되었습니다. 즉 아무리 좋은 책이라도 내가 감동 받은 만큼, 모두에게 감동을 주는 것은 아니었습니다.

 "책을 만 권 이상 읽으면 박사학위를 주어도 된다"는 말이 있는데, 만 권 이상 책을 읽은 무학력, 무직, 휠체어 장애인인 장향숙 전 국회의원의 말과 일맥상통하는군요. 그녀는 비례제 국회의원 당선 축하 인터뷰에서, "어느 책이 삶에 가장 영향력을 주었느냐?"는 기자의 질문에, "만 권 이상 책을 읽으면 감동적이고 좋은 책이 많습니다. 그 당시의 상황에 맞는 책이 가장 영향력을 주고 감동적이라고 말할 수 있습니다."라고 대답했습니다.

 독서 습관이 붙으니 반도체 업의 바쁜 업무 속에서도, 2개월에 한 권에서 매월 한 권으로 목표를 바꾸고, 때론 월 두 권씩을 읽기도 하더군요. 독서 리스트를 만들어 어떤 책을, 몇 권 읽었는지, 감동의 정도 등을 정리해 보았습니다. 초기에는 다방면의 흥미 있는 책을 읽어나갔습니다만, 독서 리스트를 보니 자기 계발서 위주로 읽고 있는 나를 발견하였고, 훗날 이것이 큰 힘이 되어 주었습니다.

4.
전환점

　독서의 습관이 한창일 때, 제 탈출구를 찾는 데 도우미가 되어 줄 책을 만납니다. 인터넷 서점에서 읽을 책을 탐색하다가 제2의 인생에 관한 책이 눈에 들어왔고, 제 탈출구를 찾는 데 도움이 될 것 같다는 느낌이 들었습니다. 책을 구입한 후 '이 책만큼은 온전한 정신에 심도 있게 읽어야겠다.' 생각하고, 때를 기다렸습니다. 2개월 여 후 때마침(?) 당시 중간 관리자인데도, 1주일 야간 업무가 주어졌습니다. 이때를 D-day로 잡고, 야간 근무 후 아침운동을 하고, 근무지 근처의 야산인 청주 부모산 중턱에 올라, 시내 경관이 한 눈에 보이는 벤치에 앉아 책을 읽기 시작했습니다. '밥 버포드'의《40 또 다른 출발점》이라는 책으로, 사람은 누구나 제2의 사춘기가 있는데, 대략 50~60대, 빠르면 40대 초반이며, 그동안 가정을 위해서 또는 회사를 위해 일해 왔건만, 정작 자신에 대해서는 무엇을 했고 삶이 무엇인지 되돌아보는 시기로, 제2의 인생이라고도 합니다.

　"제2의 인생은

진정 자기가 하고 싶었던 일,

자신이 잘하는 일,

사회적으로 의미가 있는 일을 하라."

그런데 책을 읽어 나가면서, "네가 진정으로 잘 하는 것이 무엇이냐?"라는 질문에 답변할 수 없었던 제 자신에 다시 한번 우울해졌습니다. 당시엔 너무 지쳐서인지, 자신감을 완전 상실하여 제 장점을 전혀 찾을 수가 없었던 것이었습니다.

18년간의 학교 공부, 대기업 직장 생활, 나이 삼십 대 후반인데, 잘하는 것 하나 없다?

인생을 헛살았습니다.

더 이상 책을 읽어 나갈 수가 없었습니다. 책을 덮고 심란한 마음에 산 한 바퀴 돌고 하산했습니다.

그러나 예서 포기할 수 없다는 생각으로, 다음 날 다시 그 벤치에 앉아 일단 책을 계속 읽어 나갔습니다. 다행히 책 뒤편에 200여 가지의 장점 사례가 나열되어 있었고, 그중 조금이라도 잘하는 것을 찾아보았습니다.

운전하기?

주말부부로 매주 고속도로 운전으로 길도 잘 알고, 제시간 내에 아니 누구보다 먼저 도착하고, 스피드 운전도 잘하는데…

정리하기?

업무에서나 집에서나 야외 생활에서도 정리하는 것 좋아하고, 잘하는 편인 것 같은데…

'여행하기', '놀기'?

이건 누구나 다 좋아하는 것 아닌가?

아~ 여행 계획의 대부분은 늘 내가 세웠고, 짜는 것도 좋아하고, 함께 다녀온 사람의 대부분이 만족한 걸 보면, 내가 잘하는 분야인 것 같은데…

말 잘하기?

취중에 친구들이 했던 "너, 술 먹으면 좋은 말 잘 하드라"라는 말이 떠오릅니다.

"내게 이러한 재능이 있는 거 아닌가?"라는 의구심과 함께,

"그래, 난 다른 사람에게 좋은 이야기를 잘 할 수 있어"라는 생각이 스쳐갑니다.

그러면서 '말 잘하기' 관련 분야에는 뭐가 있을까? 생각을 해 보았습니다. 퍽 떠오르는 것은 교육이나 강의, 그러나 아무나 교육하고 아무나 강의를 하나?

강의는 특별한 이력이나 학위 또는 강사 자격증이 필요할 터인데, 학위나 특이 경력을 쌓으려면 또 오랜 시간이 걸리고…

그때쯤 지질학 박사이신 동아리 선배님이 다윈 탄생 200주년 기념행사로, 해양 오염 등 과학 탐사로 요트 세계 일주를 한다며, 함께 할 크루 후배를 모집한다는 소식이 들려왔습니다. 독일의 한 회사에서 탐사 장비 후원 및 항해기 제공 조건으로 중앙일보의 후원도 받은 상태였습니다.

퇴사하고 이 탐사활동 아니 탐험에 합류한다면?

1년여 해양 생활 및 요트 세계 일주라는 특이 경력을 쌓고, 책 쓰기와 강의 등으로 삶을 바꿀 수 있지 않을까? 생각을 해 봅니다.

성공은 고사하고 생사도 장담 못하는 도전이며, 장손에 독자, 가장으로서 쉽게 허락되지 않는 여건이었습니다. 결국 저는 포기하고 제동기와 후배 한 명이 교대로 일부 구간을 합류하여 탐사를 시작했습니다.

미국 플로리다에서 출발하여 멕시코 등 중부 아메리카는 폭풍 등 우여곡절 속에 항해를 완료했고, 요트의 잦은 고장 등으로 결국 요트를 팔고 남부 아메리카는 육상으로 홀로 탐사하고, 다시 요트를 구입하여 태평양 유경험자와 함께 하와이까지 입성하였으나, 아시아로 돌아오는 길에 좌초되어 성공을 이루지 못했습니다. 다행히 미군들이 있는 섬 근처에 좌초되어 목숨을 건질 수 있었습니다.

특이 경력은 상황에 따라 도전할 수 있겠지만, 일단 자격증 획득이 그나마 빠를 것 같다는 생각이 들었습니다.

5.
새로운 도전

자격증 관련 이것저것 찾아보다가 근무지인 청주가 아닌 대전에서 〈한국 크리스토퍼 리더십〉 과정이 있다는 것을 발견하게 되었고, 일과 후 청주-대전을 왕복하며 교육을 수강하였습니다. 운 좋게도 강사 추천을 받아, 2박 3일 강사 교육 2회와 강사 실습 과정 3개월 등을 거쳐 강사 자격증을 받게 되었습니다.

지금은 주 52시간제에 따라 업무 부담이 덜하지만, 24시간 돌아가는 반도체 업 특성에 직원도 늘 바쁘게 돌아가기 때문에, 중간관리자로서 시간 내기가 쉽지 않은 상황이었습니다. 봉사활동의 일환으로 일주일에 한 번 정시 퇴근하겠다고 상사에게 허락을 받는 용기가 필요했던 시기였습니다.

강사 초기에는 매주 한 번 일과 후 대전에 가서 강사활동을 하였습니다. 한번은 대전에 가는 자가용을 운전하면서 강의 내용을 연습하던 중 바람에 강의 원고를 차창 밖으로 날린 적도 있었습니다만,

강의 마치고 밤 11시쯤 청주에 돌아올 때는 오늘도 잘 해냈다는 생각과 뿌듯함으로 피로한 줄 몰랐습니다.

 그러다가 청주 교육과정을 오픈하게 되면서 함께 셋업 및 청주 1기를 강의하게 되는 영광을 얻게 되었고, 얼마 지나지 않아 분반으로 강사 팀장을 맡게 되었습니다. 그러나 청주 지회의 행정에 문제가 생기면서, 지회의 존폐 위기 속에 우여곡절, 혼돈과 상실감의 연속이었습니다. 뜻있는 강사들과 최고참 강사인 저를 중심으로 매주 모여서, 거듭된 토론 속에 교육의 원칙과 강사들의 단합으로 위기를 탈피하였고, 15여 년 동안 청주 리더십 센터를 유지할 수 있었습니다. '청주의 대부(?)'가 되었네요.

 강사팀장 초임시절, 성공 리더십의 원조 격인 〈나폴레옹 힐 리더십〉 강사 과정을 미국에서 8박 9일 진행한다고 참가 추천을 받게 되었습니다. 보통 때 같으면 주저주저하며 갈등을 했을 터인데, 어디서 용기가 나왔는지 바로 '콜' 했습니다. 참가의 필연성인지 여름휴가를 다녀오지 않은 터라, 여름휴가에 개인 휴가를 덧붙여 교육 신청을 하였습니다. 나폴레옹 힐이 신문기자를 내려놓고 부자가 되는 법을 공부하겠다고 결심하는 데 30초가 채 안 걸린 것처럼, 비전과 목적이 클수록 선택의 시간은 짧아진다고 합니다. 제가 바로 이러한 경우인가요?
 리더십 강사 계에 쟁쟁한 분들이 함께 참석해 인적 네트워크도 형성했습니다.

  비록 한국에서 이 리더십 교육이 론칭되지는 못했지만, 저로서는 또 다른 경험이요, 나폴레옹 힐의 성공 17원칙 중 중요한 것들이 제 삶에 지금까지 영향을 주고 있습니다.

6.
제2의 인생

   30대 후반에 들이닥친 신체적, 정신적, 경제적으로 힘든 상황에서 우여곡절은 있었지만, 좋은 습관으로 수렁에서 빠져나올 수 있었고 이후 리더십 교육을 계기로 저는 의미 있는 제2의 인생의 발을 올려놓은 듯합니다.

   제2의 인생은,

   1) 진정 자기가 하고 싶었던 일, 2) 잘하는 일, 그리고 3) 사회적으로 의미가 있는 일을 하라고 했죠.

   저는 독서를 통해 자기 개발에 관심이 있다는 것을 알게 된 것처럼 리더십 교육은 제가 하고 싶었던 일이었고,

   말 잘하기 장점을 통한 강사 활동으로 읽기와 쓰기, 정리하기, 말하기까지 제 재능을 더욱 발전시키는 계기가 되었으며,

   특히 〈크리스토퍼 리더십〉 교육은 수강생에게 용기를 부여하고 재능을 찾는 데 큰 도움을 주는 활동으로 의미 있고 가치 있는 일이라고 생각합니다.

사내에 이런 소문이 돌아 사내 강사로 추천되어, 사내 강사로도 활동을 하게 되었습니다.

비록 몸은 피곤하기도 하였으나, 봉사와 삶의 의미가 마음을 뿌듯하게 만들어, 많은 일에 보다 긍정적인 마인드로 접근하는 계기가 되었습니다.

돌이켜 보면, 취미인 등산에서도 제2의 등산을 경험한 것 같습니다.

대학 1학년 첫 산행,

여름방학 때 친구들과 낙산 해수욕장 모임 후 미술 하는 친구와 둘이서 설악산으로 나섰습니다.

아무것도 모르는 등린이, 배낭에 텐트는 물론 당시 도시바 대형 카세트 플레이어, 함께한 미술학도의 이젤, 유화 캔버스 3개 등 배낭 무게가 장난이 아닙니다.

첫 산행에, 배낭이 너무 무거워 당일 또는 1박 2일 코스를 3박 4일로 넘었습니다. 그러나 등린이의 첫 산이 가장 아름답다는 설악산이기에, 산의 매력에 빠져들었습니다.

이후 학창시절 틈나는 대로 친구 또는 선배님 등과 산행을 하였고, 직장생활 초기엔 또래의 직장 동료와 산 벗이 되어 전국 명산을 돌아다녔습니다.

그러나 회사의 상황이 나빠져 바쁜 회사생활뿐만 아니라, 결혼으로 인한 주말부부로서 더 이상 그러할 여유가 없어 등산을 멈출 수밖에 없었습니다.

결혼 15여 년이 지날 즈음, 각종 SNS에 올라온 등산 사진을 보면서 "나도 저런 호시절이 있었는데…" 하며 부러운 시선으로 바라보곤 했습니다. 그러던 중, 주말이 아닌 평일 공휴일은 오전 특근 후 오후에는 집에 가곤 했는데, "피곤하니 주중에는 청주에서 쉬라"는 아내의 말에, 오후에 귀가 대신 반나절 산행을 시도하였습니다. 이동시간 포함하여 가능한 근거리의 속리산, 계룡산 등 나 홀로 산행을 시작했습니다.

그런데 예전의 산행과는 사뭇 다릅니다. 산은 그대로인데….

등산객이 많아져 상호 간 인사 나눌 여유가 없네요. 등산복, 등산 배낭, 등산 스틱 등도 유명 브랜드로 화려해지고, 두 번째 등린이가 된 듯싶습니다.

또다시 수년이 흐른 후 아이들도 어느 정도 성장하였고, 나이가 더 들어 몸이 안 좋으면 등산 등 취미 생활을 하고 싶어도 못 하는 상황이 발생할 수도 있을 것이라는 생각이 듭니다.

'이제는 나의 삶도 살아야 할 때…

내가 좋아하는 것을 조금씩은 하면서 살아야겠다'고 생각하고, 가끔씩 주말에도 등산을 하게 되면서 '제2의 등산'을 본격화했습니다.

때마침 산을 좋아하는 직장 후배들과 함께 산행을 하게 되면서, 이번엔 '맨발 등린이'가 됩니다.

처음엔 오를 때나 내려갈 때나 발바닥이 아프면 참아 가며 무작정

맨발의 등린이였으나, 하산 시 무릎 보호 등 맨발의 단점을 보완하며 두 번째 맨발 등린이로 성장합니다.

맨발 산행 및 야간 산행, 백패킹(실은 학창시절에 장거리 산행은 모두 야외 박 등산이었으니, 원조 '백패킹'이었던 듯)으로 등산의 폭도 넓히게 됩니다.

이제는 친구, 지인뿐만 아니라 대학 동기, 각종 밴드 등 저를 찾는 사람이 많아져 '제2의 등산'이라는 행복한 선택의 시간이 기다리고 있습니다.

2021년 지인의 '나 홀로 겨울 설악 공룡능선 완주'에 자극받아, 저도 종주산행 계획을 세우고 '치악산 종주'를 시작으로 '1일 2산' 등 6~7개의 장거리 종주를 했습니다.

종주 완주로 인한 몸에 대한 신뢰감에서인지, 자신감이 한 해를 지배한 시간이었습니다.

'사무엘 울만'의 명시 〈청춘〉에서,

"그대와 나의 가슴 속에는 이심전심의 안테나가 있어 사람들과 신으로부터 아름다움과 희망, 기쁨, 용기, 힘의 영감을 받는 한 언제까지나 청춘일 수 있네"

라는 구절이 '나를 위한 시 아니었나?' 하는 생각이 들게 할 정도였습니다.

7.
계속되는 전환점

SK하이닉스 시절, 직장 선배님과 협력업체 사장님으로부터 업무 외적인 좋은 글이 담긴 Daily 메일을 받아 보았습니다. 글이 좋아 저도 저런 글을 써 보고 싶다는 열망과 함께 회신이라도 하고 싶었으나, 회사의 보안 정책상 업무 외적이라서 회신을 하지 못했습니다.

이직 후, 저도 바로 〈오늘의 단상〉이라는 제목으로 Daily 메일을 보내기 시작하였습니다. 처음에는 "Love is xxx"처럼, 10여 줄 안팎의 글을 쓰려 했으나, 점점 길어져, 이제는 신문 사설 급이 되어 버렸고, 이글을 쓰는 게 2022년 4월이니 만 4년을 넘어섰네요.

짧게 감동을 주는 글이 잘 쓰는 글이라던데, 아직 많은 수련이 필요합니다.

Daily 글을 씀에 있어서, 업무 시작 전에 메일링을 하려 하니 시간에 쫓기고, 횟수가 증가하면서 쓸 소재가 바닥나고, 이런저런 주변인의 고려 때문에 주제를 정하기가 쉽지만 않습니다.

잠들기 전, 일어나면서, 샤워하면서 문득 떠오르는 생각이나, 라디오, 신문, 책 등에서, 또는 이런저런 일상에서의 느낌으로 800여 회를 이어 오고 있습니다.

독자 중 한 지인으로부터 "매일 써야 한다는 강박관념을 버리라"는 말을 듣고, '매일'이라는 부담감을 내려놓으니, 의무감에서 벗어나니 좀 더 유해진 글로 변한 것 같네요.

한번은 대학동기 산악회에서 관광버스를 타고 늦가을 설악산에 가는 길에, 잠이 깬 창밖을 바라봅니다. 이른 아침 안개 낀 홍천강과 설악산 가는 설렘으로 감상에 푹 빠져, 휴대폰 메모장에 느낌 몇 글자를 끼적거리다가 그 글을 동기 산악밴드에 공유해 보았습니다.

한 동기 왈,
"뭔 공대생이 시를 잘 써",
"이게 시라고?",
"이게 시가 아니면 뭐야?"
이후 등산이나 일상에서 시적 갬성이 떠오르면, 시 형식을 빌려 끼적거려 봅니다. 이러한 연습 시간 후엔 진짜 시가 탄생할 수도 있다는 희망을 가지면서….

이제는 또다시 글쓰기에서 책 쓰기로의 전환기가 다가오고 있습니다.
처음에는 미숙하나, 계속 쓰다 보면 변곡점이 올 것이고, 그것을 넘는 두 번째 점프의 순간이 올 것이라고 생각합니다. 그 순간이 바로 전환점이 되는 것이겠죠.

제3의 인생이 펼쳐질 수도 있는 것입니다.

대학 1학년 교양영어의 교재 1과 제목이 생각납니다.

〈The show must go on〉 쇼는 계속되어야 한다.

누군가가 그러더군요.

"강한 종이 살아남는 것이 아니라, 변화하는 종이 살아남는 것"이라고…

삶의 변화가 계속되는 것처럼, 삶의 전환점을 찾는 시도도 계속되어야 합니다.

'The turning try of life must go on.

8.
맺음말

　우리네 삶은 좋을 때도 있고 안 좋을 때도 있고, 그 사이에 전환점도 있습니다.

　때론 상황이 점점 안 좋아져 빠져나갈 구멍조차 보이지 않아, 자포자기의 순간이 오기도 합니다. 그러나 그 힘든 상황의 전환점이 자신의 노력 또는 타인의 도움, 환경의 변화에 의하여 생길 수 있다는 것을 기억해야 합니다.

　각 개인마다 깊은 수렁을 빠져나오는 방법을 스스로 터득한 경우도 있을 것입니다. 그러한 경우 이전보다 한 단계 점프하여 더 성숙함을 엿볼 수 있습니다.

　수렁에서 방향을 못 찾고 헤맬 때, 등린이의 두번째 점프로써,
　당장의 긴급 처방과 미래를 위한 습관 아이템을 찾아,
　21일 이상 행동하여 습관화로 디딤돌을 만들고,
　자신의 장점을 찾아 발전시키다 보면 길은 나타나게 되고,
　결국 큰 위력을 발휘하게 될 것입니다.

중요한 것은 깊은 수렁이라고 해서 포기하면 안 된다는 것입니다.

등린이의 두 번째 도약이 기다리고 있으니까요…

'우주의 신비로운 습관'이라는 〈나폴레옹 힐 리더십〉의 마지막 성공 원칙이 있습니다.

무엇인가를 간절히 이루고자 하는 사람에게는 신비스럽게도 우주가 도와준다는 것인데, 즉 하고자 하는 목표를 매일 생각하고 조금씩이라도 행동하다 보면, 모든 것이 목표와 동기화되니, 목표에 대한 솔루션이 나오게 된다는 것입니다.

흔히들 "인생은 짧다"고, 또 어떤 이는 "인생이 길다"고도 말합니다.

인생이 짧다고 생각하는 사람은,
빨리 수렁에서 나오세요. 헤맬 시간이 없으니까요…
인생이 길다고 생각하는 사람은,
삶의 전환 시도를 계속하세요.
새로운 청춘의 삶이 기다리고 있으니까요…

젊은
꼰대를 위한
소나타

[프로필]

심 덕 용

LG생활건강에서 화장품 마케팅, 유통 관련 업무를 하고 있고 럭셔리 브랜드를 통해 고객의 아름다움에 대한 욕구와 가치 구현을 실천해 왔다. 국내 주요 유통사인 이마트, 현대백화점, 롯데백화점, 홈플러스, 올리브영 등과 협업하여 프리미엄 브랜드 육성의 성공사례를 만들어 왔다. 그리고 유수 회사의 CEO, 임원으로 구성된 한국 마케터 협회 멤버로 활동하며 최신 마케팅 기법을 개발하고 후배 마케터 육성에도 힘쓰고 있다.

젊어서부터 클래식 음악을 좋아하여 음악과 관련한 다양한 활동을 해 왔으며, 음악 전문가 모임인 〈음악 이야기〉, 〈연세 서교음악〉, 〈장일범의 오페라 여행〉에서도 꾸준한 활동을 하고 있다. 화장품 브랜드를 통해 얻어진 소비자 감성에 대한 노하우와 소비 트렌드에 대한 실전 경험을 클래식 음악에 접목하여 사람들과 함께 즐거움을 누리려고 노력하고 있다. 클래식 음악의 저변확대를 위하여 강연, 음악모임 등 다양한 활동을 하고 있다.

[들어가는 말]

배우는 연기를 통해서 자기 내면을 표현하고, 작가는 글로써 자신의 세계관을 보여준다. 이들은 자기를 드러내는 데 주저하지 않을 용기가 있다. 그러나 대부분의 사람은 본인이 만들어 놓은 두꺼운 껍질 안에 꼭꼭 숨어서 자기 모습을 감춘 채 조심스럽게 살아간다. 사회인, 가족의 일원, 직장의 구성원으로서의 모습만 지니고 있고, 자기 성찰을 하는 개인으로서의 '나'보다는 지극히 사회화된 '나'의 모습이 전부라고 생각하며 생활한다.

글쓰기, 책 만들기의 가장 어려운 점은 '무엇을 쓸 것인가?'에 대한 '글쓰기 재료' 선택의 문제였다. 타인의 생각, 다른 이의 작품에 대한 나의 글은 잘 써지지 않았다. 글을 쓸수록 나의 이야기가 가장 좋은 재료이자 진정성이 드러날 수 있는 소재라는 것을 알게 되었다. 그러기 위해서는 자신을 관찰하고 성찰하는 자기 객관화가 우선되어야 하고 나를 남들 앞에 드러낼 수 있는 용기도 필요하다. 이 용기는 부끄러운 자기 모습과 상처에 대한 치유가 전제되어야 비로소 생길 수 있는 것이다. 지극히 사회화된 모습을 벗어버리고 개인으로서의 나를 바라볼 수 있어야 가능하게 되는 것이고, 결국 글쓰기는 성장하는 사람이 되는 자기 성찰의 과정이다.

글쓰기를 주저하게 만드는 또 하나의 걸림돌은 세상의 평가에 대한 두려움이다. 책은 자기 분야에 성과를 낸 자들에게 주어지는 메달 같은 것, 독창적인 생각이나 아이디어를 가진 이들의 독점물, 전문가들만이 누릴 수 있는 특권이라고 생각하는 고정관념이 우리 머리에 무의식적으로 내재되어 있다. 하지만 요즘은 다양한 매체와 보편화된 SNS로 인해서 글쓰기는 누군가의 특권이 아니라 모두가 평등하게 누릴 수 있는 일상적 행위가 되었다. 최근 뜨는 작가 중에는 SNS에서 상당한 관심을 먼저 받은 후 책을 출판하는 경우가 제법 많아졌다. 글에 대한 전문가적인 평가는 이제 별 의미가 없고 독자가 공감할 수 있는 진정성 있는 스토리만 있으면 누구나 작가가 될 수 있는 시대가 됐다. 글쓰기의 장벽이 사라진 것이다.

음악을 통해서 만난 사람들에 대한 글을 써 본다. 어려서부터 클래식 음악을 듣는 데 많은 시간과 에너지를 쏟아 왔으며 음악을 통해 좋은 사람들을 만나 왔기에 '나스러움'을 표현할 단어 중 하나가 '음악'이라 생각했기 때문이다. 내가 전공자가 아니기에 음악에 대한 글을 쓰면서 지식의 깊이에 대한 고민을 살짝 했다. 그러나 평범한 사람이 어떻게 음악을 좋아하게 되었으며, 이를 통해서 삶이 어떻게 풍부해지게 되었고, 다른 이들과 어떻게 음악을 나누며 사는지에 대한 이야기는 남들이 공감해 줄 것 같아 용기를 내 보았다. 평범한 사람의 음악 사랑 이야기를 잔잔하게 얘기하고 싶었다.

남들에게 보여주는 글은 항상 나를 번뇌하게 만든다. 부족한 필력을 드러낼 용기도 없고, 세상을 바라보는 미성숙한 시각과 앞뒤 없이 이어지는 맥락의 어수선함이 부끄럽기 때문이다. 하지만 우리 모임 멤버들과 함께 작업을 하면서 격려하며 위로받으며 견뎌왔다. 아무쪼록 이 책 만들기를 잘 마무리해서 삶의 두 번째 여행을 시작하는 출발점으로 삼고 싶다.

1.
빈 소년 합창단,
난생 처음 음악회

1978년 4월에 세종문화회관이 개관하였다. 서울 시민회관이 불탄 자리에 대규모 '문화예술의 전당'이 오픈한 것이다. 정부의 전폭적인 지원 아래 문화융성을 주제로 한 대대적인 홍보와 국제 규모의 기념 음악축제로 서울은 한참 들떠 있었다.

당시 나는 초등학교를 갓 졸업한 까까머리의 중학교 1학년 학생이었으며 서울 변두리 지역의 철부지 어린아이였다. 서울은 사대문 안이나 새로 개발되고 있는 강남이 아니면 일반 시골과 별반 다르지 않은 곳이 많았기에 내가 살던 동네도 비슷한 형편이었다. 나는 중학생이 되면서 어머니의 권유로 기존 변두리 교회에서 친척분이 다니고 있던 시내 종로의 교회로 옮기게 되었다. 지금 생각해 보면 어머니는 내가 더 나은 환경 속에서 신앙생활 하기를 바랐던 것 같았고, 형편이 괜찮은 집안의 친구들과 지내면 내가 성장하는 데 좀 더 도움이 될 수 있겠다는 생각으로 버스로 한 시간 넘게 걸리는 도심지 교회로 보낸 것 같다.

　나는 종로 교회의 친구를 만나면서 내가 알고 있던 것보다 훨씬 더 넓은 세상이 있다는 것을 깨닫게 되었다. 나와는 문화적 결이 달랐고 어느 정도 경제적 자유를 누리는 중산층 이상의 형편이 되는 집의 자녀들이 대부분이었다. 아버지가 항공사 책임자이거나 외교관이었던 그들의 대화에 나오는 미국 이야기는 책에서만 읽던 상상 속의 나라가 아니었다. 가장 친해진 아이의 부친은 해운회사 임원이라 외국을 자주 오가셨다. 어느 날 친구 집에 놀러 갔는데 거실에 진열되어 있던 온갖 색깔의 와인과 양주병의 비주얼로 인해 나의 눈은 휘둥그레졌다. 또한 거기에 놓여 있는 커다란 스피커와 독일제 마란츠 오디오에 압도되어 버렸으며, 책과 함께 빼곡하게 진열되어 있던 클래식 음반과 지휘자 카라얀의 흑백사진 아우라는 나를 환상의 세계로 유혹하는 마법사 같았다. 우리를 반갑게 맞아 준 머리를 길게 딴 친구 누나는 서울예고에서 피아노를 전공한다고 하였다.
　거실에서 LP판을 구경하며 놀고 있는데 단아한 그 누나가 방에서 두드리는 그리그의 〈피아노 협주곡 a단조, Op.16〉 1악장의 강렬하고 열정적인 도입부는 나의 귀를 멍멍하게 간들었다. 피아노라는 악기에서 만들어지는 다양한 소리의 색과 풍부한 음량이 나의 귀를 뻥 뚫어 버리는 느낌이었다. 라디오나 오디오에서만 들어왔던 것과는 차원이 다른 피아노 소리로 인하여 음악이 주는 감성이 하늘로부터 뚝 떨어지는 것 같았다. 그 이후 친구의 집어 가서 클래식을 듣는 것이 일상이 되었고, 베토벤, 모차르트와 지휘자 카라얀, 칼 뵘의 매력에 빠져들기 시작했다.

세종문화회관 개관기념 음악회는 전례 없는 막강한 라인업으로 구성되어 80일간 진행된 최고의 음악 이벤트였다. 미국의 지휘자 레너드 번스타인의 뉴욕 필하모닉 오케스트라, 필라델피아 교향악단, 오스트리아 국립 오페라단, 영국의 로얄 발레단 등 세계적인 예술단이 초청되었다. 특히 내 또래의 오스트리아 '빈 소년 합창단' 내한 공연 소식은 이제 막 음악에 관심을 두기 시작한 나를 흥분시키기에 충분하였다. 친구 집에서 경험한 강렬한 음악의 잔상이 뇌리에 남아 있던 그즈음 나는 난생 처음 음악회란 것에 가 보고 싶어졌다. 이로 인해 응아 마려운 강아지마냥 엉덩이가 들썩거려서 참을 수가 없었다. 그렇다고 어머니에게 비싼 음악회 티켓을 사달라고 조를만한 용기는 없었다. 얘기했으면 사 주기는 했겠지만 어린 마음에 어머니에게 부담을 주는 마음의 불편함을 겪고 싶지 않았던 것 같다. 고민 끝에 나는 어머니께 이유는 묻지 말고 3개월 치 용돈을 미리 달라고 했고, 참고서 가격을 약간 부풀리는 새하얀 거짓말을 했으며, 그래도 부족한 돈은 친구에게 빌려서 '빈 소년 합창단' 공연의 1층 VIP석 티켓을 예매했다. 당시 그 공연은 계단에 임시 의자를 배치할 정도로 예약 전쟁이 극심했던 것으로 흐릿하게 기억된다.

'빈 소년 합창단' 공연은 잊지 못할 감격이었다. 나는 또래의 파란 눈을 가진 금발머리 외국 아이들이 부르는 독일가곡과 왈츠, 폴카의 아름다운 선율에 매료되었다. 어린 감수성에 음악적 DNA를 강하게 새겨 놓는 날이었다. 연주회장에 가서 직접 공연을 감상하는 것은 방송 매체나 음반을 통해서 듣는 것과는 차원이 다른 감동을 선사한다. '빈 소년 합창단' 아이들의 노랫소리와 관객들의 열광적인 박수와 공연장의 특유의 공간 음향을 통해서 오감으로 전해지는 감동은 그 어디에서도 느껴 볼 수 없는 독특한 경험이었다. 참석한 관객들이 별나라의 사람으로 느껴졌고, 음악회가 끝나고 집으로 가는 길은 환상의 나라를 여행하고 돌아온 착각이 들 정도로 신선했다. 이후 음악에 대한 나의 열병은 FM 라디오 방송 매일 듣기, 공짜 음악회 찾아다니기, 음반사 프로모션 응모하기의 형태로 진화되었다. 그리고 중동 건설을 위해 바레인으로 출국한 아버지께 정성스럽게 떼를 쓰는 편지를 여러 차례 보낸 결과, 카세트 테이프와 플레이어를 선물 받을 수 있었다. 난생 처음 받은 음악 선물은 두꺼운 안경을 쓴 피아니스트 '알프레드 브렌델'이라는 사람이 연주한 베토벤 〈피아노 소나타 14번, Op.27 no.2〉, 일명 〈월광 소나타〉였다.

 이 소나타는 베토벤이 제자인 줄리에타에게 헌정한 작품으로 환상곡 풍의 소나타(sonata quasi una fantasia)라는 부제가 붙어 있다. 베토벤은 제자이자 백작의 딸인 줄리에타를 사랑하였으나 신분의 차이를 극복하지 못하고 상처만 남은 사랑으로 결말을 맺게 된다. 사랑하는 이를 위하여 만든 곡이라 그런지 음악을 잘 모르는 이들도 충분히 공감할 수 있는 멜로디와 감성이 묻어나는 소나타이다. 나중에 평론가 렐쉬타프가 "달빛에 비친 루체른 호수 위에 떠 있는 조각배와 같다"라는 감상 글을 써서 '월광'이란 별명이 붙게 되었으나, 이보다는 사랑을 표현한 음악으로 생각하고 듣는 것이 어울린다. 1악장의 아다지오 소스테누토는 사랑하는 줄리에타를 그리워하는 안타까움이 스며있는 소나타 형식으로 자유로운 즉흥곡 풍이다. 3악장은 몰아치는 듯이 맹렬한 스타카토와 스포르찬토의 향연이다. 1, 2악장에 숨겨온 베토벤의 사랑의 열정이 3악장에서 화산처럼 폭발한다. 피아니스트들이 미스터치 하지 않고 마무리하기 어렵기로 소문난 악장이다.

갓 중학생이 된 나이에 이 〈월광 소나타〉와 관련된 베토벤의 사랑과 영롱한 달빛에 관한 이야기는 나로 하여금 음악에 대한 환상을 가지게 만들었다. 특히 브렌델의 학구적이며 철학적인 곡 해석이 나를 베토벤 음악에 빠지게 하였다. 알프레드 브렌델은 1931년 비젠베르크(오늘날의 체코 공화국)에서 태어났다. 어려서 에드윈 피셔에게 배웠고 17살에 첫 리사이틀을 열었으며, 1949년 18세에 부조니상을 받은 이후 본격적으로 활동을 시작했다. 그는 말 많고 요란 떠는 이들과는 다르게 조용히 연주 활동과 음반 작업을 하였고 소리 소문 없이 20세기 최고의 피아니스트가 되었다. 고전주의, 낭만주의 시대의 피아노 음악 연주를 많이 하여 슈베르트, 베토벤 음악에 정통한 연주자라는 평가를 받고 있고, 음악에 대한 에세이와 시를 발

표한 작가이기도 하다.

그의 《피아노를 듣는 시간》이라는 책에 기술된 피아니스트로서의 깊은 성찰은 많은 이들에게 음악적 영감을 주고 있다. 2008년에 은퇴한 이후 93세가 되는 지금까지도 마스터 클래스를 열어 젊은 아티스트들을 양성하고 있다. 알프레드 브렌델이 연주하는 베토벤의 피아노 소나타에 푹 빠지기 시작한 그 이후부터 철학적 깊이가 스며나는 그의 연주는 내게 음악적 표준이 되었다. 어려서부터 시작되어 지금까지 이어온 클래식 음악 여정에서 알프레드 브렌델은 내 음악의 멘토였다.

중학교 1학년의 나이에 좋은 친구들을 만났고, 음악에 눈을 떴으며, '빈 소년합창단'의 공연을 관람했고, 알프레드 브렌델을 알게 된 것이 내가 좀 더 나은 세상에서 넓은 안목을 지닌 사람으로 성장하기를 바랐던 어머니의 간절한 소망의 결과가 아니었을까. 그러고 보면 나라는 사람은 주름진 손마디와 늦은 밤의 기도, 아침마다 대문 밖에 나와 배웅하던 어머니의 깊은 배려 위에 자라난 존재였나 보다.

2.
대학 생활의
하모니와 필하모니

　대학교 1학년생에게 캠퍼스의 봄은 화사했다. 따스한 햇볕이 내려 쬐는 분수대 앞 잔디밭은 꿈에 부푼 신입생 참새들이 옹기종기 모여 앉아 재잘거리는 공간이었다. 앞으로 펼쳐질 장밋빛 미래를 꿈꾸며 시작한 대학 생활은 지난한 고등학생 시절의 고통을 견뎌 낸 이에게 주어지는 보상이었다. 그렇다고 대학생활이 마냥 자유롭고 낭만적이지만은 않았다. 캠퍼스에는 과외 금지, 졸업 정원제, 학원 자율화, 독재 타도의 구호가 어지럽게 헝클어져서 널브러져 있었다. 그럼에도 불구하고 대학 생활의 낭만은 동아리 활동으로부터 시작된다. 공부 스트레스로부터 해방된 새내기들은 동아리 서클룸을 이리저리 기웃거렸고, 선배들의 유혹에 두근거리는 가슴을 제어하지 못했다. 새로운 세상, 새로운 만남에 대한 기대와 희망으로 충만해져 있던 나는 클래식 음악 동아리인 〈Harmony, 하모니〉의 문을 두드렸다.

　고등학생 시절에는 클래식 음악을 좋아하는 친구를 만나기가 어려웠으나, 〈하모니〉에는 음악을 사랑하는 이들이 차고 넘쳤다. 한 독문학과 친구는 음악 평론가가 되기를 꿈꿨고, 방송국 음악PD를 하겠다는 선배, 음반사에서 일하고 싶다는 친구도 있었다. 그리고 선배들의 박식한 음악 지식과 깊이 있는 해석은 얄팍한 나의 음악 생활에 큰 도전이 되었다. 더욱 나를 흥분하게 만든 것은 최고의 오디오 시스템과 수천 장의 LP 음반이 비치된 학생회관 3층의 '클래식 음악 감상실'이었다. 우리 동아리에서 관리하며 정기 모임도 그곳에서 개최한다는 사실은 나를 설레게 했다. 동아리 활동은 다양하게 진행되었다. 학기 초에는 대성리로 MT를 떠나 서로 간의 친목을 다지기도 하였고, 삼삼오오 떼를 지어 신촌역에서 출발하는 경의선 기차를 타고 백마역 '화사랑'이라는 막걸리 주점으로 순례를 하였으며, 때로는 신촌의 만미투 맥주집에서 젊음에 흠뻑 취하도록 떠들어댔고, 캠퍼스 뒤쪽의 나무가 우거진 청송대 숲에 모여 연주를 들으면서 음악이 없었다면 삶이 얼마나 무미건조했을지를 논하기도 하였다.

우리는 학교 수업이 없는 날이 되면 어김없이 음악 감상실을 아지트 삼아 동아리 활동을 하였다. 수시로 모여서 음악을 감상하였고 선배들의 해설을 들었다. 일부 멤버들은 별도로 음악회를 가거나 좋아하는 악기를 배우는 등의 다양한 활동도 했다. 그리고 당번을 정해 음악 감상실의 DJ 일을 하면서 LP 음반을 학생들에게 들려주기도 했다. 직접 음반을 선곡해서 음악을 들려주는 즐거움은 대학 생활의 낭만이었다. DJ 당번하는 날이면 하루 종일 마음이 들떠 있었던 기억이 지금도 생생하다. 나이가 든 지금도 누군가에게 음악을 선물하는 일은 나를 행복하게 만든다.

당시 〈하모니〉 동아리의 대화 주제는 바로크 음악 양식인 '콘체르토 그로소'와 19세기 초의 고전주의를 계승한 '신고전주의 음악'이었다. 베토벤, 슈만, 브람스로 이어지는 음악에 대한 토론이 밤새도록 이어졌다. 특히 우리는 프랑수아즈 사강의 소설 《브람스를 좋아하세요》와 함께 시작된 브람스 숭배하기에 열광하여 3학년 선배를 중심으로 '브람스파'를 결성했다. 우리는 '브람스 커피숍'에서 '브람스 교향곡'을 들으며 사강의 《브람스를 좋아하세요》 이야기를 매일 이어 갔다.

브람스의 스승 슈만-클라라 부부에 대한 존경과 애정은 각별했다. 슈만은 라인강의 투신자살이 미수에 그친 후 정신병원에 입원했다가 죽었다. 브람스는 짝사랑했던 스승의 아내 클라라와 그 가족을 돌봤으며, 클라라에 대한 사랑이 간절했으나 자신의 감정을 표현하지 않고 속으로 삭이며 평생 독신으로 살았다. 그러한 그의 감정이 음악 곳곳에 스며들어 우수에 찬 분위기로 나타난다. 또한 브람스는 새로운 변화를 추구하는 리스트, 바그너의 신낭만주의보다는 절제된 형식미를 추구하는 신고전주의의 전통을 선호했다. 그가 작곡한 4개의 교향곡은 베토벤의 고전주의 양식을 계승했지만 자기만의 색깔을 유지한다. 베토벤이 삶의 기쁨, 투쟁과 승리를 노래했다면, 브람스는 비극적 감성을 극복하는 진지한 인간의 모습을 표현한다. 브람스의 4개 교향곡 중 〈교향곡 1번, Op.68〉은 베토벤의 특성을 닮아있고, 나머지 3개의 교향곡은 그의 서정성과 진중함을 담아내고 있다. 특히 〈교향곡 4번, Op.98〉은 그만의 무채색 사운드와 진한 고독을 보여 준다. 그를 지지했던 음악학자 한슬리크(E. Hanslick)는 이를 '어두움의 근원'이라 평했다. 이 교향곡에서 브람스는 자기의 감정을 환희로 마무리하지 않고 단조의 우울함을 통해 어두운 비극으로 마무리한다.

그 즈음에 나는 사랑에 빠졌다. 열정이 충만한 사랑이었고 수채화 같이 순수한 사랑이었으며 청춘의 시리고 아픈 사랑이었다. 지금 생각해 보면 그때 내가 좀 더 성숙한 사람이었고 현실을 견뎌 낼 강한 힘을 가진 인간이었다면 좋았었겠다 하는 아쉬움이 남는다. 누군가에게 뜨거웠던 대상이 되어 보지 않았거나 누군가를 향해 뜨거운 열정을 가져 보지 못하고 살아왔다면 제대로 살고 있는 것이라 말할 수 있을까? 그 시절의 사랑은 음악이 있었기에 더욱 풍부해지고 아름다워질 수 있었다.

브람스 음악과 함께한 대학생의 낭만은 오래 지속되지 못했다. 캠퍼스에는 민주화에 대한 열망이 너무 강했고 이에 대한 당국의 탄압도 극심했다. 하루가 멀다 하고 시위가 일어났고 최루탄 냄새가 진동했다. 자유와 민주화에 대한 학생들의 절박함은 기존 체제에 대한 적대감으로 변해 가고 있었다. 친구들은 노동자와 농민을 위한 노력과 민주화에 대한 지식인의 책임 외에 다른 행위는 반역 행위처럼 여겼다. 그런 면에서 그들에게 서양음악은 가진 자들이 누리는 사치이고 배척해야 할 자본주의의 산물이었다. 예술도 더 나은 세상을 위해 기여할 때 의미 있고, 그렇지 못하면 버려야 하는 것이 시대 정신이라 생각했다. 그런 논리 이면에는 자본주의 문화에 대한 열등감과 적개심이 혼합되어 있었고, 나는 친구들의 이러한 적개심을 의연하게 받아들일 만큼 성숙하지 못했다.

음악에 대한 애정은 죄의식이 되어 버렸기에 나는 〈하모니〉 동아리 활동을 중단했다. 그리고 캠퍼스를 벗어난 곳에서 내 음악에 대한 사랑과 관심을 이어 갔다. 당시 명동에는 클래식 음악감상 공간인 〈Philharmony, 필하모니〉라는 곳이 있었다. 단돈 천 원만 내면 음료수나 커피를 마시면서 하루 종일 음악을 듣거나 책을 읽을 수 있는 공간이었다. 더구나 〈필하모니〉의 '맥킨토시' 오디오 시스템은 최고의 음향 시설로 소문이 자자하여 제대로 음악을 듣고자 하는 마니아들은 반드시 들러야 할 성지 같은 곳이었다. 그곳은 학교에서 외치던 사회체제에 대한 고민을 제쳐 두고 음악에만 몰두할 수 있는 안식처였다. 〈하모니〉 동아리로부터 시작된 대학의 음악 생활은 〈필하모니〉에서 마무리되어 버린 것이다.

화사한 봄과 함께 시작한 대학 생활의 낭만은 부조리한 사회 구조에 대한 고민과 불확실한 미래에 대한 번민으로 고학년이 될수록 점점 더 우울해지기 시작했다. 3학년 선배들이 브라스 음악에 빠져든 것이 그의 비극적 감성을 통해 현실의 번민을 극복해 보려는 카타르시스적 욕구 때문에 그랬던 것은 아닐까란 생각을 해 본다. 동아리 친구와 선배들을 통해 배운 음악적 도전은 20대 내 음악의 자양분이 되었다. 시대적 상황으로 인해 동아리 모임을 지속하지 못한 것이 아쉽기는 하지만, 학생회관 3층의 '음악 감상실'에서 음반을 선곡하고 칠판에 곡 제목과 작곡가 이름을 분필 가루 날리며 휘갈겨 쓰던 희열이 아련하게 추억으로 남아 있다.

3.
젊은 꼰대를 위한 소나타

    서른을 한 달 남짓 남긴 나이에 첫째 아이가 태어났다. 대학교 졸업하고 군대 제대 후 결혼하고 회사에 입사했는데, 9박 10일의 신입사원 연수를 받고 있는 중에 딸아이가 태어났다는 소식을 전해 들었다. 출산 예정일보다 보름 정도 빨랐다.
    나는 연수원의 허락을 받아 외출하여 아내가 입원해 있는 강남 성모병원으로 냅다 달려갔다. 그리고 파김치가 되어 누워 있는 아내를 위로한 후, 떨리는 마음으로 신생아실에 있던 아기와 첫 대면을 하였다. 그것은 실로 말로 표현하기 어려운 신비로움 그 자체였다. 나의 분신이라 일컬을 새로운 존재와 처음 조우하는 그 순간은 세상의 모든 부모가 그러했던 것처럼 인생에 있어서 가장 경이로운 찰나이다. 나는 가늘게 실눈을 뜨고 옹알거리는 아기를 보며 생명의 기적을 느꼈다. 아이와 함께 앞으로 그려 갈 삶을 상상하며 설렜던 기억이 아직도 생생하다. 마틴 부버의 《나와 너, Ich und Du》란 책에 나오는 '인간은 '너'를 통해 '나'가 된다'라는 구절을 생각했다. 한 존재와의 만남을 통해서 맺어지는 관계가 일상적이고 평범하게 느껴질지 모르겠지만 가만 생각해 보면 기적 같은 사건이다. 우리는 대부분 이런 기적을 잊고 살지만 익숙하게 옆에 있던 누군가의 부재는 가끔 이런 기적의 소중함을 되새기게 만든다. 아이와의 평범한 기적은 이렇게 시작되었다.

나는 갓난 딸에게 들려줄 음악을 준비했다. 임신한 동안 아기의 태교를 위해 음악 듣기를 권장했으나 아내는 바쁜 직장 일로 그럴 만한 처지가 되지 못했고, 컴퓨터 자판을 두드리며 치열하게 사는 엄마의 모습을 보여 주는 것이 진짜 태교라고 주장했다. 하지만 세상에 태어난 아기에게는 내가 원하는 방식대로 음악을 들려주고 싶었다. 딸아이를 위한 음악은 바흐의 〈무반주 바이올린 소나타와 파르티타, BWV1001~1006〉와 〈무반주 첼로 모음곡, BWV1007~1012〉이었다. 음악이 주는 음향적 자극과 선율의 울림은 귀를 통해 사람의 뇌를 자극한다. 이것은 뇌에 있는 감성과 이성을 깨우기 때문에 어떤 음악을 듣느냐는 인간 완성에 중요한 역할을 한다. 특히 현과 활의 마찰을 통해 빚어내는 현악 음악은 우리 뇌를 깨우는 데 매우 효과적이다. 바흐의 무반주 첼로 모음곡과 무반주 바이올린 소나타가 이러한 역할을 잘해 줄 음악이다. 믿거나 말거나 적어도 나의 믿음은 확고했다.

서양 음악사를 들여다보면 중세 시대에는 기독교적 신앙이 세상을 지배하는 세계관이었기에 종교적 가치를 추구하는 음악만이 진정한 예술로 여겨졌던 시기다. 이때는 기독교와 관련된 성경 구절, 기도 문구, 신앙적 고백 내용에 음률을 붙인 성가곡만이 진정한 가치를 지닌 음악으로 인정되는 시대였다. 텍스트(가사)가 붙은 음악만이 의미를 전달할 수 있었기 때문이다. 음악은 텍스트에 종속되어 오로지 의미 전달의 보조 역할만을 하였다. 하지만 르네상스, 바로크 시대에 이르러서 상공업이 발전하고 신흥 부르주아가 생겨나고 자본 축적으로 인해 삶의 질이 높아지면서 종교적 신념보다는 개인의 존재에 의미를 부여하는 시대가 되어 많은 것이 달라지기 시작했다. 종교적 가치관이 세상을 지배하던 시대에서 인간을 위한 가치를 중요시하는 시대로 변화하면서 음악에 대한 관점도 많이 달라지기 시작한다.

이 시기에 철학자 바움가르텐(A.G. Baumgarten)은 음악이 단순히 사람의 감각만 자극하는 하위단위의 감성 예술이 아니라 인간의 인격을 완성 시킬 수 있는 독립된 철학의 한 분야로 봐야 한다고 주장하며 음악미학(美學, Aesthetics)이라는 체계를 만들었다. 그리고 가사화된 텍스트 없이 소리를 내는 '기악 음악'도 인간을 완성시킬 수 있는 예술로서의 가치가 있음을 논리적으로 설명함에 따라 하나의 음악 장르로서 지위를 갖춰 가게 된다. 이 시기를 거치며 기악 악기는 독립된 분야로 자리를 잡게 되었고 이를 통해 연주되는 '절대 음악'이 지니는 위상이 점점 더 커지게 된다.

더불어 그 시대에 바로크 음악의 가장 큰 특징 중 하나인 통주저음(Basso continuo) 양식도 함께 성장하게 된다. 통주저음은 노래와 반주라는 성악곡 양식을 기악 음악에 그대로 적용한 것으로, 바이올린 등이 주선율을 담당하고 류트, 쳄발로가 저음을 반주하는 연주 방법이다. 이 통주저음은 별다른 악보의 지시 없이 즉흥적으로 선율을 완성해 주는 연주였기에 다양한 음악적 표현이 가능한 음악 양식이었다. 바로크 시기를 지나면서 기악기가 본격적으로 독립 연주를 할 수 있는 시대가 된 것이다.

이러한 바로크 기악 음악의 틀을 완성한 이가 바흐(J.S. Bach)이고 이 흐름에 커다란 획을 그은 작품이 〈무반주 바이올린 소나타〉와 〈무반주 첼로 모음곡〉이다. 바흐는 이 곡에서 통주저음조차도 없애 버리고 오로지 바이올린, 첼로만으로 독자적으로 연주하도록 만들었다. 이 곡은 바이올린 솔로가 혼자서 주선율, 부선율, 반주 등을 다 연주해야 한다. 단선율만 연주하던 바이올리니스트에게 1인 3역으로 연주하라고 하면서 바이올린 4개 현으로 완결된 연주를 할 수 있다는 것을 증명해 버렸다. 바흐의 이 곡으로 인하여 바이올린 솔로만으로도 화성이 가능한 다성음악의 대위법적 연주가 가능하다는 것을 사람들이 알게 되었고 독자적인 악기로서의 위상을 비로소 갖추게 되었다.

사람들은 이 바이올린 소나타를 '바이올린의 구약성서', 첼로 모음곡을 '첼로의 구약성서'라고 부른다. 혹자는 이 곡을 "바이올린 하나로 광대한 우주를 담아냈다"라고 하기도 하고 "인류 역사상 최고의 조형미를 갖춘 음악"이라고 평가를 하기도 한다. 바이올린 솔로만으로 연주되어 한음 한음의 소리를 들을 수 있게 되고, 좀 더 집중하면 음과 음 사이 침묵(silence)의 소리까지 들을 수 있게 되어 수채화 속 여백의 미와 같이 바흐 음악이 담고 있는 침묵의 미를 발견하게 하는 곡이다. 바로크 시대에 와서 바흐라는 인물을 통해서 바이올린과 첼로가 비로소 진정한 악기로서 자리를 잡아가게 되었다.

갓난아기를 위하여 첼리스트 미샤 마이스키가 1985년에 녹음한 바흐의 〈무반주 첼로 모음곡〉을 매일 틀어 놨다. 첼로는 음역대가 사람의 목소리와 비슷하기 때문에 아기의 정서 발달에 도움을 준다. 바흐가 추구하는 내면의 깊은 울림을 통해 아이의 정서와 지능이 잘 양육되기를 바라는 부모의 마음이 음악에 투영된다. 딸아이에게 음악의 DNA를 심어 주고 싶었고, 자라서 나와 음악적 공감대를 형성할 수 있는 감수성을 갖기를 바라는 마음이었다. 음악을 들으면서 아기는 주로 오디오 컨트롤 리모컨을 빨거나 음반 CD를 만지작거리면서 바흐 음악에 대해 반응했다. 오디오의 LED 버튼은 아기가 격하게 관심을 가지는 장난감이 되었다.

다행히 아이는 바흐의 학구적인 면을 배워 초등학생 때부터 좌우명이 "유식한 사람이 되자"였고, 서른이 갓 된 지금 이를 실천하여 환자를 치료하기 위해 논문을 뒤적이며 밤을 새워 공부하는 의사가 되었다. 의사라는 직업은 사람의 생명을 다루고 아픈 이를 치료해야 하는 직업이다. 환자에게 공허한 위로의 말보다는 사실에 근거한 팩트 중심으로 진료를 해야 한다. 생명과 직결된 책임이라는 무게감 때문에 신중해야 하기에 자칫 보수적이고 권위적으로 비춰질 수 있는 소지를 다분히 지니고 있다. 걱정하는 환자에게 따뜻한 위로의 말을 전하는 친절한 의사는 드라마에나 나올 법한 이야기다. 이러한 환경으로 인하여 딸아이는 젊은 나이임에도 불구하고 일을 할 때 자기에게서 '보수적이며 완고한 꼰대의 모습'을 발견하게 된다는 고민을 털어놓는다. 그리고 그 공적인 영역의 꼰대스러움이 사적인 영역을 침범하여 개인적 성향도 꼰대스러워진다고 고민하는 모습을 보일 때 나의 마음이 짠하다.

이러할 때 바흐의 음악이 완고하고 고집스러운 정서를 완화하는데 도움이 될 수 있겠다고 얘기를 살짝 하여 본다. 하지만 성인이 된 딸은 지금 클래식 음악에 대해서는 도통 관심이 없는 표정이다. 뮤지컬, 팝송, 인디음악은 좋아하나 클래식 음악은 살짝 외면한다. 갓난아기 때부터 들어왔던 바흐의 〈무반주 바이올린 소나타〉, 〈무반주 첼로 모음곡〉에 대해서도 전혀 기억을 못하는 눈치다. 이런 딸의 음악에 대한 태도를 볼 때면 허탈하고 안타깝다. 어린 시절에 들려주었던 클래식 음악의 흔적은 어떻게 저리도 연기처럼 사라져 버린 것일까? 참으로 미스테리하다. 하지만 나와 함께 음악의 즐거움을 같이 느끼고 공감할 때가 올 것이라는 기대를 여전히 버리지 않는다. 바흐의 〈무반주 바이올린 소나타〉와 〈무반주 첼로 모음곡〉을 통해 젊은 꼰대가 큰 위로를 받을 날이 올 것이라고 여전히 믿고 있다. 그리고 꼰대스러움이 새로움을 받아들이지 않고 자신의 가치관을 남들에게 강요하는 고집불통을 비꼬는 측면만 있는 것이 아니라, 검증되고 확인된 지혜를 지키려는 진정성 있는 태도를 존중하는 말이기도 하다는 얘기를 해주고 싶다.

4.
음악 이야기에서 만난 사람들

  40대 초반인 나는 거래처 미팅을 마치고 서울로 올라오는 중이었다. 어스름한 저녁 무렵 양평의 개군면을 지나고 있는데 도로변에 '환뮤직 오디오 클럽'이라는 간판이 붙어 있는 건물이 눈에 띄어 차를 세우고 잠시 구경하러 들어갔다. 한적한 양평의 서쪽 끝에 이런 곳이 있다는 것이 너무 신기했다.

  매장에는 해외 명품 오디오가 진열되어 있었고 옆 건물에는 커피를 마실 수 있는 카페가 있었다. 진열되어 있는 오디오의 스펙을 물어보고 청음을 하면서 사장님께 이런 외진 곳에 매장을 낸 사연을 물어보았다. 사장님은 음반 시장규모가 줄고 오디오 시장도 축소되어 음악 관련 회사들이 경영난에 허덕이고 있는 안타까운 이야기를 해 주면서 본인도 서초동에서 오디오 샵을 운영하다가 고정비 문제로 이곳으로 이전하게 되었다고 설명해 주었다. 단골 고객과 양평 지역 음악 마니아가 모이는 장소로 활용하기 위해 음향기기 매장과 함께 카페도 같이 운영한다고 했다.

사장님은 "마침 오늘 저녁 우리 카페에서 음악 모임이 있는데 잠깐 참석했다가 가시죠"라는 제안을 내게 했다. 나는 이런 조용한 곳에서 음악 모임이 있다는 것이 신기하기도 했고 분위기가 궁금하기도 해서 참석하였다. 〈음악 이야기〉 모임은 경기, 양평 지역에 사는 회원들이 자유롭게 모여서 평론가인 임승기 교수님 해설과 함께 음악을 감상하고 토론하는 방식으로 진행되었다. 교수님의 해설은 기존에 들어 보지 못한 신선한 내용이었다. 대학에서 오랫동안 서양 음악사를 강의해 왔던 내공이 묻어 나오는 음악 해석이었다. 우리는 그날 베토벤 소나타와 모차르트 협주곡, 그리고 리하르트 스트라우스의 오페라 〈살로메, Op.54〉를 감상하였다.

  〈살로메〉는 성경에 나오는 이야기를 바탕으로 한 오스카 와일드의 희곡을 리하르트 스트라우스가 오페라로 만들어서 1905년에 초연한 작품이다. 일단 스토리 전개부터가 괴기스럽다. 남편을 죽인 형수 헤로디아스와 결혼하여 왕이 된 헤롯은 젊고 아름다운 의붓딸 살로메를 호시탐탐 노린다. 왕은 이들의 죄악과 왜곡된 욕망을 질책하는 선지자 요한을 잡아 가둔다. 살로메는 우물에 갇혀 있는 요한의 '죄인은 회개하라'는 목소리에 반해 자기를 짝사랑하는 근위 대장을 시켜서 요한을 감옥에서 불러낸다. 요한의 육체적 매력에 완전히 매료된 살로메는 그를 차지하고 싶은 욕망에 관능적 구애를 하지만 요한은 거부하며 선지자로서 메시지만 되풀이한다. 사랑이 거절당하자 살로메는 헤롯왕의 생일날에 춤을 추면 어떠한 소원도 다 들어 주겠다는 제안을 받아들여 춤을 추고 은쟁반에 요한의 머리를 담아 오라고 요구한다.

오페라 〈살로메〉는 기존 작품과는 달리 서곡이 없이 140분간 박진감 넘치게 진행되는 단막으로 구성되어 있다. 살로메 역할을 하는 소프라노는 욕정을 분출하는 연기력과 가창력을 동시에 갖추어야 한다. 그리고 극 중에 10여 분 동안 헤롯 앞에서 〈일곱 베일의 춤〉을 추는 장면이 나오는데, 베일을 하나하나 벗을 때마다 음악은 점점 더 고조되고 마지막 베일을 벗어 던지는 순간 소프라노는 실오라기 하나도 걸치지 않은 알몸이 된다. 리하르트 스트라우스는 이 오페라에 바그너의 악극 형식을 도입하였다. 노래보다는 관현악이 전체 극을 끌어가고 무한선율, 유도동기가 나타난다. 살로메의 관능, 헤로디아의 기괴함, 헤롯의 세기말적 욕망 등이 잘 배합된 오페라이다. 요한에게 거부당한 살로메의 사랑은 '너를 소유할 수 없다면 죽여서라도 가지겠다'는 욕망으로 증폭된다. 살로메는 참수된 요한의 목을 들고서 살아있는 애인을 대하듯이 애무하면서 입술에 키스를 한다. 이 오페라는 너무 엽기적이라 1905년 초연 당시 관객들 모두 충격을 받았고, 뉴욕 메트로폴리탄 오페라에서는 공연을 27년간 금지시켰다.

이날 감상한 〈살로메〉로 인해 나의 음악적 시각이 달라졌다. 인간은 선할 뿐 아니라 극단의 욕망이 혼재된 존재이기에 이런 양면의 모습이 음악으로 표현될 수 있어야 한다는 임 교수님의 해설에 공감이 갔다. 인간의 괴기스러운 욕망은 우리 모두에게 잠재되어 있을 수 있다. 이렇게 데카당스(세기말적)하고 그로테스크(괴기스러움)한 오페라가 100년 전에 작곡되었다는 사실이 놀라웠다.

그날 이후 나는 〈음악 이야기〉 모임에 계속 참석하게 된다. 모임의 아카데믹하면서도 깊이 있는 접근 방식으로 인해 음악 지식을 넓히는 기회를 갖게 되었다. 또한 음악을 철학, 인문학적 관점으로 해석하는 재미를 느낄 수 있게 되었고, 새로운 음악 트렌드, 떠오르는 신예 연주자, 최신 음악계의 흐름 등을 공부할 수 있게 되었다. 참여한 이들의 음악을 사랑하는 다양한 모습에 자극받아 음악 스펙트럼을 넓힐 수도 있었다.

'환 뮤직' 오디오 매장 사장님의 이력도 특이했지만, 거기엔 다양한 멤버들이 있었다. 임승기 교수님은 독일에서 공부하고 대학에서 강의를 해 왔는데, 한참 늦은 나이에 15살 터울의 제자와 결혼을 하였으며, 정년 퇴임 후 양평 내려와 황토로 만든 전원 주택을 지어 살고 있다. 양평 지역 주민을 대상으로 음악 강의도 하고 관련 매체에 음악 평론 칼럼도 가끔 쓴다.

화가인 채 작가는 제주도 한라산 그림으로 유명하다. 서귀포의 컨벤션센터 로비에 가면 그의 대형 한라산 작품이 걸려 있다. 그림 한 점 완성하는 데 최소 한 달 이상 걸릴 정도로 정성을 다해서 그린다. 이른 새벽에 바흐, 말러, 베토벤의 음악을 들으면서 작품에 대한 영감을 얻으며 시작해서 늦은 밤까지 문호리 화실에 처박혀서 작업을 한다. 그는 한때 영감이 떠오르지 않아 2년 동안 붓을 꺾고 폐인 생활을 했던 적이 있었다. 그때 음악의 힘으로 버텼다고 한다. 영혼이 실리지 않은 그림은 바로 탄로나기 때문에 1%의 작가 반열에 들 수 없다는 고민을 털어놓는다. 해 질 녘 낙조에 비친 운길산 수종사 연못의 연꽃을 보고 영감을 얻어 그 기나긴 슬럼프를 탈출했다고 했다. 모친이 해녀라 제주도에 있는 그림 작업실과 문호리 화실을 번갈아 가면서 그림을 그리고 있으며, 작업실에 집채만한 1940년대산 웨스턴일렉트릭 스피커와 오디오를 설치해 놓았다. 그 오디오를 통해서 들어본 장사익 선생의 구성진 보컬 소리는 전율을 느끼게 한다.

또 다른 멤버인 최 사장님은 평생 진공관 오디오만을 만들어 왔다. 요즘은 디지털 기술의 발전으로 진공관 오디오 시장이 축소되고 있으나 마니아 층이 두터워 그의 기기를 찾는 이들이 꾸준히 있고 매년 국제 오디오 박람회에도 출품하고 있다. 아날로그 감성을 좋아하는 이들은 최 사장님이 한 땀 한 땀 손수 제작한 진공관 오디오를 선호한다. '궁극의 소리를 찾아' 평생을 몸 바쳐 온 그는 새로 개발한 제품이 있으면 우리 모임에서 시연하고 평가를 받는다. 우리의 비평에 귀 기울일 때 눈이 가장 반짝거린다. 말은 안 하지만 슬픈 개인사가 있어 보인다.

펜션을 운영하는 배 사장님은 직장 스트레스 때문에 대기업을 퇴사하고 양평에 내려와서 펜션을 지어 운영하고 있다. 비발디파크 근처에 위치한 펜션은 청결하고 친절하기로 소문나 예약하기 어렵다. 음악을 들을 수 있는 오디오 공간을 별도로 마련하여 손님들이 좋아한다. 하지만 코로나로 인해 사업이 여의치 않아 접을까 고민 중이다. 도시에 살다가 전원 생활하는 것이 현실이 되면 넘어야 할 산이 많다고 한다. 이들 외에도 음반 수집이 취미인 '중미산 막국수' 사장님, 원주 모든 절의 스님들을 친구로 두신 분, 초등학교 선생님, 사진작가님 등 다양한 직업과 생활 배경을 가진 분들이 모임의 멤버이다. 음악이라는 공감대가 아니면 도저히 조합이 연결되지 않는 사람들의 모임이다.

그날 내가 모임에 합류한 이후 수년의 시간이 지나 '환 뮤직' 오디오 카페는 두 번이나 매장을 이전하였지만 계속되는 적자를 견디지 못하고 문을 닫았다. 폐업 후 사장님은 보유하고 있던 오디오를 처분하고도 부채를 갚지 못해 오랫동안 경제적인 어려움을 겪었다. 음악을 사랑하고 오디오를 좋아하는 것이 생계와 연결될 때 난감함을 겪는 경우가 많다. 음악을 전공한 이들 중에도 경제적 어려움을 겪고 사는 사람들이 많다. 음악의 저변이 확대되어서 이들이 먹고 사는 걱정을 하지 않고 맘껏 음악을 할 수 있는 날이 왔으면 좋겠다. '환 뮤직' 사장님은 10년 가까이 이곳저곳을 떠돌면서 생계를 유지하다가 힘든 개인사를 견디고 클라리넷을 배워 불우한 이들에게 연주를 해 주는 봉사 활동을 하고 있다. 어쨌거나 우리 모임은 계속 유지되고 있다. 봄에는 배꽃이 하얗게 만발한 과수원 옆 최 사장님의 오디오 공방에서 모였고, 겨울에는 임 교수님 황토 주택의 서재 공간을 활용하는 등의 방법으로 모임을 지금까지 이어 오고 있다.

시간이 지나면서 제주도로 이사하거나, 사업이 망하거나, 식당을 확장하거나, 이혼을 했거나, 건강이 좋지 않아 병원에 입원하는 등 멤버들 개인에게 많은 변화가 있었다. 다양한 직업과 세계관을 가진 이들이 각자에게 생기는 삶의 무게를 음악으로 위로 받으며 헤쳐 나가는 모습을 보면서 음악이 삶에 미치는 영향을 생각하게 된다. 〈음악 이야기〉 모임 덕분에 나의 음악적 안목이 넓어졌고 음악 지식과 미학적 토대가 든든해졌다. 이 멤버들과 모임을 계속 이어 나갈 수 있었으면 좋겠다는 바람을 다시 한번 하여 본다.

5.
피아니스트의 슈베르트

　모친이 지병을 얻어 돌아가신 지 얼마 안 된 시기에 누구나가 그러하듯이 내 마음 한 구석이 뻥 뚫려 있었고, 그 후유증은 시간이 지날수록 더 진해지고 있었다. 더군다나 자신의 영혼을 갈아 만든 자양분으로 자녀를 양육한 부모를 둔 경우, 상실감은 더욱 그러했으리라.
　나는 그 공허함과 죄스러움을 음악을 통해 위로 받으며 살고 있었다. 40대 후반이기에 한참 일을 해야 할 시기라 마음을 굳게 먹지 않으면 음악회 가기가 쉽지 않았다. 음악 마니아인 친구와 가끔 같이 가는 것을 제외하고는 공연장은 주로 혼자 가는 편이었다. 그해에 나는 두 개의 연주회에 기대를 걸고 있었다. 블라드미르 아쉬케나지가 지휘하는 〈필하모니아 오케스트라〉 내한공연과 피아니스트 라두 루푸의 〈슈베르트 리사이틀〉 공연이었다.

　아쉬케나지는 1955년 쇼팽 콩쿠르에서 준우승했을 때 심사위원이었던 피아니스트 미켈란젤리가 그의 1등상을 주장하며 자리를 박

차고 나갔던 일화로 유명해진 인물로, 전 세계 팬들에게 가장 사랑을 받아온 피아니스트이다. 그는 나이가 들면서 많은 피아니스트들이 그랬던 것처럼 지휘자로 전향하였다. 그의 피아노 연주를 들을 수 없겠으나, 73세 고령인 그를 이번이 아니면 다시는 볼 수 없을 것 같아 마지막이라는 생각으로 그가 지휘하는 연주회를 예매했다. 아쉬케나지의 〈필하모니아 오케스트라〉 연주는 매우 찬란했다. 피아니스트로서의 연주만큼이나 지휘자로서의 음악 해석은 깊고 풍부했다. 그리고 〈슈만 피아노 협주곡, Op.54〉을 같이 협연한 20대 초반 김선욱의 피아노 연주는 깊은 인상을 주었다. 위대한 노장이 지휘하는 최고의 오케스트라와 협연한 청년의 당당함과 건반 터치의 파워는 놀라웠다. 은퇴를 앞둔 위대한 피아니스트 아쉬케나지와 이제 막 꽃피우기 시작한 피아니스트 김선욱의 조합은 시간을 초월한 음악의 연속성을 보여 주는 듯했다. 이후 나는 김선욱의 연주회가 있으면 빼먹지 않고 찾아가는 팬이 되었다.

또 다른 공연은 라두 루푸(Radu Lupu)의 피아노 리사이틀 공연이었다. 그 시절 나는 우울함과 공허함을 달래기 위해 슈베르트 음악에 빠져서 음반을 수집하는 중이었고, 그의 피아노 소나타를 집중적으로 듣고 있었다. 슈베르트 피아노 소나타 해석을 잘한다는 라두 루푸의 내한 공연 소식은 나의 가슴을 콩닥거리게 만들었다.

하지만 그의 내한 공연이 취소되었다. '피아노의 전설'이라 불리는 그는 일본 투어 공연을 마친 후 한국에서 첫 내한 공연을 가질 예정이었는데 갑작스럽게 모든 공연 스케줄을 취소하고 스위스의 집으로 가 버렸다. 소속사에서는 '건강에 심각한 이상이 생겨 모든 일정을 취소한다'라는 짤막한 설명문만 냈고, 공연을 추진하던 기획사, 예술의 전당, 음악 팬들 모두 이 사태로 인해 황당해했다. 이 무뢰한 루마니아인은 연주 생활 40년 동안 언론 인터뷰를 거의 한 적이 없어 항상 기자들을 좌절시켰고 평생 몇 개의 연주 음반만을 냈기 때문에 그의 연주를 제대로 듣고 싶으면 직접 공연장으로 갈 수밖에 없어 다들 그를 '은둔의 피아니스트'라고 불렀다. 그의 특이한 행동과 세상과 소통하지 않는 태도에 대해 혹자는 "가장 자폐적인 피아니스트"라고 투덜대며 비판하기도 했다.

하지만 공연 취소에 대해 팬들은 '아쉽지만 그럴 수 있겠다'라며 관대하게 생각한다. 컨디션이 좋지 않아 연주회를 취소하는 대가들이 가끔 있어 왔기 때문이다. 피아니스트 미켈란젤리는 공연 중 관객이 집중하지 않거나 소음을 내면 자리를 박차고 나가 버렸고, 글렌굴드는 공연장의 습도, 음향조건, 그리고 관객의 감상 태도가 방해된다 하여 30년 넘게 리사이틀 공연을 하지 않고 최적의 공간 조건을 갖춘 스튜디오에서 연주한 음반만 출반했다. 팬들이 완벽한 음악을 추구하는 대가들의 이러한 태도에 점수를 더 높이 줘왔기에 라두 루푸 또한 그러했을 것이라고 자위하며 바람맞은 스스로를 위로했다.

라두 루푸가 내한 공연 때 연주하려 했던 곡은 슈베르트의 마지막

〈피아노 소나타, D.960〉이다. 1797년에 태어난 슈베르트는 천재적인 재능을 제대로 인정받지 못하고 가난과 병마에 시달리다 1,000여 곡의 음악을 남기고 31살의 젊은 나이에 요절하였다. 내성적이고 자유로운 라이프 스타일 때문에 특별한 수입원 없이 친구들의 도움에 의존하여 살았고, 죽기 1년 전에야 자기 피아노를 장만할 정도로 경제적으로 불안정한 삶을 살았다. 그를 좋아하는 친구들이 결성한 '슈베르티아데(Schubertiade)'라는 후원 모임 덕분에 근근이 생계를 꾸려 나가다가 장티푸스로 추정되는 병에 걸려 고생하다 죽었다. 혹자는 매독이라고도 한다. 평소 존경하던 베토벤 옆에 묻혔으며 그의 음악적 가치를 발견한 슈만에 의해서 나중에 세상에 알려지게 된다. 그는 낭만주의적 고전주의자 또는 낭만주의 개척자라는 평가를 받아 왔다. 600여 곡이나 되는 리트(Lied)는 독일 가곡을 진지하고 예술적인 단계 끌어올린 낭만파 음악의 원천이 되었으며 음악 구성, 내용의 심오함에 있어 예술가곡 중 최고라고 평가 받고 있으며, 대표작 〈아름다운 물레방앗간의 아가씨〉, 〈겨울 나그네〉, 〈실 잣는 그레텐〉은 슈만, 쇼팽, 리스트, 말러, 볼프와 같은 작곡가들에게 영향을 미쳤다.

 슈베르트는 21곡의 피아노 소나타를 작곡하였는데 전문가들이 선호하는 음악적 완성도나 구성에 대해 별로 신경을 쓰지 않았고, 베토벤의 음악 정신을 추종한 것처럼 보이지만 작곡 기법상 베토벤과는 본질적으로 다른 독창적인 세계를 창조하였다. 악상의 독특한 변화와 대범한 조바꿈, 화성의 변화, 민속 춤곡을 연상하게 하는 다양한 리듬은 낭만주의 피아노 음악의 새로운 가능성을 보여 주었다.

슈베르트는 죽기 두 달 전에 생애 마지막 〈피아노 소나타, D.960〉를 완성한다. 일반적으로 슈베르트 작품은 음악학자 도이치(O.E. Deutsch)가 연대순으로 정리한 "D"를 붙인 작품 번호를 사용한다. 이 곡은 베토벤 후기 소나타의 위대함을 뛰어넘은 작품이며 슈베르트 음악의 완결편이라는 평가를 받는다. 감정의 표현과 서정적인 사색이 섬세한 균형을 이루기 때문에 낭만주의 피아노곡 중에서 마니아들이 가장 사랑하는 곡 중 하나이다. 슈베르트가 좀 더 오래 살았다면 베토벤을 능가하는 완전히 새로운 피아노 소나타가 탄생했을지도 모르겠다고 주장하는 이들도 있다. 피아니스트 미츠코 우치다는 이 작품을 감상할 때 "난 이 세계에 속한 사람이 아닌 것 같은 느낌이 들 때가 있어"라고 했다. 슈베르트 소나타를 너무 사랑하고 가장 잘 연주하는 알프레드 브렌델은 여든 나이의 마지막 은퇴 연주회에서 슈베르트의 이 곡을 메인 곡으로 선택할 정도로 강한 애정을 보여 주었다.

내한 공연 취소 후 2년 뒤에 라두 루푸는 결국 한국에 왔다. 물론 슈베르트의 〈피아노 소나타 21번, D.960〉이 공연의 핵심 레퍼토리였다. 기획사는 까탈스러운 그를 위해 피아노 여러 대를 동원해서 마음에 드는 피아노를 선택하도록 했고, 조율사도 3명이 붙어서 그의 요구를 맞춰 주었고 그의 연주에 꼭 있어야 하는 등받이 의자도 여러 개 준비했다. 연주 전 루틴이 만족되지 않으면 또 공연을 취소하고 가 버릴까 노심초사했다는 후문이 돌았다. 어쨌든 공연장 아니고서는 그의 연주를 들을 수 없다는 희소성과 슈베르트 연주의 최고봉이라는 네임 밸류로 인해 연주회의 티켓은 진작에 동이 난 상태였고, 운 좋게 티켓을 구한 이들은 기대에 찬 표정으로 예술의 전당에 모여들었다.

  예술의 전당 리사이틀 홀에서 피아노 소리를 가장 잘 감상할 수 있는 최적의 자리는 1층 5열~10열 사이 무대를 바라보는 약간 왼쪽 자리다. 연주자의 모습을 잘 볼 수 있고 440헤르츠로 잘 조율된 스타인웨이 피아노 소리와 2.5초 잔향을 자랑하는 공연장 공명을 온몸으로 느낄 수 있는 최적의 위치이기 때문이다. 수억을 호가하는 골드문트 오디오로도 재현할 수 없는 연주 음향을 느낄 수 있는 곳이 예술의 전당 콘서트홀이다.

  전반부에 연주된 라두 루푸의 즉흥곡과 독일 무곡 연주는 차치하고 모두의 관심은 오로지 〈피아노 소나타 21번, D.960〉에 있었다. 도입부에 약간의 미스 터치가 있기는 했으나 그가 연주하는 슈베르트는 과연 소문대로였다.

  1악장에서는 노래의 선율처럼 시작되는 피아니시모 주제를 연주하는 레가토(연결음)가 부드러우면서도 조용하게 이어져 나갔으며 저음의 트레몰은 내면의 슬픔을 울리는 듯하였다. 그 부드러운 서정성은 도대체 어디서 나오는 것인지 놀라웠다. 2악장에서 시작되는 오른손의 주제와 왼손의 반주 음형은 맑고 우울한 소리로 옮겨 가면서 결코 비밀을 털어놓을 것 같지 않다. 천상의 문을 두드리기 위해 지친 걸음으로 절뚝거리며 걸어가는 순례자의 탄식 같은 멜로디는 청중들에게 깊은 울림을 준다. 침 넘기는 소리, 기침, 숨소리 조차 내지 않고 집중한 관객들은 그의 손에서 퍼져 나오는 슈베르트의 마법에 빠져 버렸다.

3악장의 스케르초는 긍정적인 아리오소(짧은 아리아)로 연결되었으며, 4악장의 길고 긴 주제의 연결은 '우리에게 상황은 절망적이지만 심각하지 않다'라는 속담을 상기시킨다. 병마와 싸우며 인생의 종말을 예감하던 슈베르트의 우울과 긍정의 마음을 이 소나타가 표현했다고 하면 너무 과장된 상상일까? 라두 루푸의 연주회는 하나의 긴 명상의 시간이었으며, 깊은 내면의 탄식과 회한의 카타르시스가 교차하는 순간이었다. 공연이 끝난 후 관객들 모두가 먹먹해져서 말을 잃었다. 물론 그는 간단한 인사와 함께 밝은 미소만 남기고 조용히 사라졌다. 음악으로 관객과 소통하는 것 말고는 할 줄 아는 게 없는 자폐적인 피아니스트임에 틀림없어 보였다.

그의 처음이자 마지막 내한 공연의 감동은 10년이 훌쩍 지난 지금도 아직 생생하게 남아 있다. 올해 4월 라두 루푸가 지병으로 인해 향년 77세 나이로 타계하였다는 소식이 외신으로 전해졌다. 이제는 그의 공연을 소수의 음반으로밖에 만날 수 없게 되었다. 슈베르트를 그토록 사랑했던 피아니스트 알프레드 브렌델은 구십이 넘은 나이가 되었고 미츠코 우치다도 칠십이 넘었다. 그 대가들의 공연을 직접 감상할 시간은 이제 영영 오지 않을 것 같다. 하지만 슈베르트의 마지막 피아노 소나타로 우리를 예술의 전당으로 달려가게 할 치명적 매력을 소유한 새로운 피아니스트의 유혹을 오늘도 설레는 마음으로 기다리고 있다.

6.
음악으로 시작하는
두 번째 여행

    같은 대학 동창들과 함께 하는 〈서교 음악모임〉이 있다. 이 모임은 졸업 25주년 재상봉 행사에 참석했던 이들이 의기투합해서 결성했다. 매월 클래식 연주자를 초청하여 음악을 감상하고 와인을 마시면서 이에 대해 토론을 하는 형식으로 진행되며, 8년 동안 60회 넘게 지속되고 있다.

    서교동에 위치한 친구의 〈'민' 오르간 아카데미 하우스〉에서 열리기 때문에 〈서교 음악모임〉이라는 명칭이 붙었다. 그곳은 친구 부친이 거주하던 곳을 오르간 연주를 하거나 레슨을 할 수 있게 만든 공간이며, 살아생전 자주 음악을 들으시던 장소이고 오르간을 전공한 그가 연주 연습을 하던 곳이기도 하다. 그분은 6.25 전쟁 중에 부산으로 피난 갈 때에도 가재 도구를 포기하고 음반과 축음기를 들고 가셨고, 사재를 털어서 1,620개의 파이프로 이루어진 독일 헬무트 쾨글러사의 대형 파이프 오르간을 북촌의 안동교회에 봉헌할 정도로 음악에 대한 애정이 각별했다.

그 오르간 하우스에는 친구 부친이 젊었을 때부터 수집해 온 손때 묻은 음반과 턴테이블이 가득하고, 친구가 연주할 때마다 꼼꼼하게 연필로 메모한 흔적이 남아 있는 바흐의 악보가 책장에 빽빽하게 꽂혀 있다. 음악의 향기가 진하게 배어 있는 공간이다. 살아계실 때 내가 뵙지는 못했지만 그곳에 있어 보면 그분이 얼마나 음악을 사랑했었는지가 가늠이 된다. 음악을 좋아하는 사람들과 통하는 설명하기 어려운 분위기가 느껴지기 때문이다. 그런 음악적 유산이 배어 있는 공간에서 우리의 서교 모임이 열리고 있다.

그 친구가 독일 유학을 마치고 한국에 돌아와 오르간 귀국 연주회를 할 때에 친구 부친께서 3,000석이 넘는 세종문회회관 자리를 꽉 채우기 위해 백방으로 뛰어다니셨고, 결국 관객 동원의 흥행에 성공했다. 딸의 연주회였는지 본인의 연주회였는지가 헷갈릴 정도로 열성적이었다고 한다. 친구는 그러한 부친의 기대만큼 훌륭한 사람이 되지 못해서 송구한 마음을 가지고 있다고 털어놓는다. 부친의 음악에 대한 사랑의 무게만큼이나 음악에 대한 애정이 강한 그 친구가 그렇게 말하는 것에 이해가 갔다. 하지만 부친께서는 그가 음악을 통해서 무엇을 이루거나 어떤 포지션에 오르거나 하는 것보다 음악의 즐거움과 행복을 느끼고 살기를 바라지 않았을까. 〈서교 음악모임〉이 부친께서 음악을 즐겨 듣던 공간에서 매달 열리고 있음을 아셨다면 매우 행복해했을 것이고 자랑스러워하지 않았을까?

나는 2년 전에 처음 모임에 참석하였다. 따뜻한 5월 저녁 설레는 마음으로 모임에 첫발을 들여 놓은 순간을 잊지 못한다. 반갑게 맞아 주는 동창들의 환대가 너무 좋았고 연주회 시작 전에 같이 나누는 식사와 와인은 너무 정성스러워 보였다. 처음 만났지만 오래된 친구같이 대하는 분위기가 너무 정겨웠다. 이어서 시작된 음악회는 소프라노 박현주 교수께서 준비한 성악곡으로 꾸며졌다. 슈만의 가곡, 벨리니의 아리에타, 프랑스 가곡, 그리고 이태리 벨칸토 오페라 아리아로 이어지는 레퍼토리는 향기로운 봄 저녁에 잘 어울렸고, 나는 그 분위기에 흠뻑 취했다. 이후 음악을 좀 더 진중하게 듣고 싶어 하는 친구들과 음악 평론가 장일범 선생이 진행하는 〈오페라 모임〉에도 참석하게 되었다. 오페라 한 작품을 집중 감상하며 토론하는 모임이라 음악의 깊이가 있어 내가 친숙하지 않았던 오페라에 대한 식견을 넓히는 기회가 되었다.

이탈리아 오페라는 바로크 시대를 거치면서 카스트라토의 인기가 시들해지고 아름다운 이탈리아어 선율을 강조하는 벨칸토의 부흥기를 맞는다. 벨칸토는 19세기 초 이탈리아에서 유행하던 창법으로 우아하고 서정적으로 노래하는 양식이다. 큰 음량을 만들어 낼 필요는 없지만 소리를 치밀하게 조절하거나, 발음을 명확하게 해서 빠른 패시지를 전달해야 하기에 이탈리아어에 어울리는 노래였다. 이러한 벨칸토 오페라의 정점에 로시니가 있다. 그는 1792년 이탈리아 피사로에서 트럼펫 주자인 아버지와 소프라노 가수인 어머니 사이에서 태어났다. 부모의 영향으로 어려서부터 성악을 배웠으며 창법과 화성에 대한 공부도 하였다. 14세에 첫 오페라를 작곡하고 18세 때 희가극을 만들었으며, 1816년 오페라 〈세비야의 이발사〉를 발표하여 큰 인기를 얻게 되며 본격적인 작곡가로 활동하게 된다.

그는 스무 살 즈음에 이탈리아 최고의 오페라 작곡가가 되어 버렸으며 비엔나, 파리와 런던까지 그 명성을 떨쳤다. 로시니의 오페라 공연이 있는 날에 베토벤 연주회의 자리가 텅텅 빌 정도로 그의 대중적 인기는 하늘을 찔렀다. 그는 모차르트, 하이든의 독일 고전파 관현악곡 선율을 유려하게 처리하는 화성법을 자신의 작품에 적극 반영하였다. 기본적으로는 이탈리아 오페라 문법을 따르면서도 관현악에 있어서는 독창적인 자기만의 방식을 적용했던 것이다.

하지만 로시니는 오페라 〈빌헬름 텔〉을 마지막으로 39살 되는 해에 작곡을 중단하고 요리 연구가로 변신한다. 혹자는 기존에 작곡한 오페라를 능가할 작품을 만들 자신이 없었기 때문에 그만뒀다고 해석한다. 또 어떤 이는 너무 젊은 나이에 돈을 많이 벌어서 오페라 작곡에 흥미를 잃어버렸다고 주장하기도 한다. 어쨌거나 로시니는 요리 연구에 인생의 후반기를 걸었다. 식재료 연구에 매진하였고, 맛있는 음식을 먹으러 가거나 자신이 좋아하는 요리 비법을 만들기도 했다. 《알라 로시니(Alla Rossini) 요리법》은 현재 프랑스의 폴 보퀴즈를 비롯한 유명 식당의 대표 요리 레시피다. 이 레시피의 주요 요리는 '투르느도 로시니 스테이크', '로시니 마카로니', '로시니 칵테

일' 등이 있다. 또한 그는 파리를 떠나 송로버섯 산지인 볼로냐에 거주할 정도로 트러플에 대한 애정이 각별했다.

 로시니는 오페라로 사람을 즐겁게 해 주는 것을 좋아했으나 맛있는 요리를 통해서 사람들을 행복하게 해 주는 것을 더 좋아했다. 오페라로 번 돈으로 좋은 식재료를 구해 요리를 개발하며 평생 행복하고 즐겁게 살았다. 이 세상에서 가장 많이 공연되는 오페라 〈세비야의 이발사〉의 작곡가 로시니로 기억하는 사람도 있지만 《알라 로시니(Alla Rossini) 요리법》으로 그를 기억하는 사람도 많다. 이렇게 삶의 후반기에 자신이 원하는 것을 하고 사는 로시니의 변신은 많은 이들의 부러움을 샀다.

 나는 서교 음악모임에 처음 참석한 소감의 글을 쓴 이후로 모임 후기와 음악 해설을 담당하게 되었다. 전문가도 아닌 내가 해설을 하게 된 것이 부끄럽기는 했지만, 응원해 준 친구들 덕분에 용기를 낼 수 있었다. 이로 인해 나는 얇고 옅은 음악 지식을 매달 동원해야 하는 스트레스를 즐겁게 받고 있다. 이러한 서교 모임의 후기 쓰기가 계기가 되어 친구들과 글쓰기를 시작했다. 뜻이 통하는 동창 친구의 아이디어로 글쓰기와 책 만들기 모임을 시작한 것이다.

 직장에서 업무를 위한 보고서는 써 봤으나 나의 생각을 표현하는 글쓰기는 20대 이후로는 한 적이 없었다. 더구나 책 만들기를 위해 글을 쓰는 것은 내 삶의 단 한 순간에도 고려되어 본 적이 없는 부분이다. 일기조차도 쓰지 않았던 사람이 그런 시도를 하는 것은 무모한 짓일 수도 있다. 나이 들어가며 이미 형성된 자기 생각과 세계관 속에 안주하며 꼰대스럽게 사는 것이 안락하고 평안한 삶을 유지하는 지혜이다. 새로운 것을 배우고 무엇인가를 새롭게 시작하는 것은 피곤한 일이다. 지금까지 나의 생각은 그러했다.

  하지만 용기를 내어 글쓰기에 도전하고, 그 처음을 음악을 소재로 시작한다. 로시니처럼 젊어서부터 해 왔던 것과는 다른 새로운 일에 도전하는 것은 스트레스를 받는 일이겠으나 시간이 지나면 그것으로 인해 행복해질 것 같다. 개인적인 취미로 음악을 즐겨온 것을 넘어서서 음악 경험과 지식을 다른 이와 나눠 보고 싶다. 지금까지 음악을 수동적으로 듣고 감상해 왔다면, 앞으로는 다른 이에게 좋은 음악을 알려 주고 공유하는 능동적 역할을 해 봐야겠다. 음악을 사랑하는 사람, 작곡가, 연주자의 열정에 관한 이야기를 다른 이들과 함께 나누면 좋을 것 같다. 음악 지식을 다른 사람들과 나누는 스토리텔러가 되면 좋겠다는 작은 소망 하나를 가져 본다.

  새로운 것을 배우고 익숙하지 않은 것에 도전해 보고 사는 삶은 행복할 것 같다. 현실에 안주하지 않고 주어진 환경에 피동적으로 사는 것이 아니라 자기의 한계를 넘어서서 새로움에 대한 호기심과 열린 마음을 가지고 사는 자세가 사람을 성장하게 만든다. 나이가 들었기에 성장이 멈추거나 노쇠해지는 것이 아니라, 닫힌 생각을 가지고 세상의 지식을 받아들이지 않을 때 꼰대스러운 늙은이가 되는 것이다.

 지금까지는 학교와 직장으로 이어지는 큰 조직의 구성원으로 살아왔다면, 삶의 후반기에는 그것을 벗어나서 내가 좋아하는 영역을 찾아서 배우고 익히며 다른 이들과 즐거움을 나눠야겠다. 그러한 삶이 아름다운 삶이 될 것이다. 그리하여 계속 성장하는 젊은 청년의 모습을 유지하고 싶다. 성장하는 젊은 꼰대, 열린 꼰대의 모습을 찾아가야겠다.